不動産

管理

オーナー・

社のための

事故物件対応

ハンドブック

JN001537

[共著]

株式会社マークス不動産
代表取締役
花原浩二

税理士・公認会計士
木下勇人

税理士・不動産鑑定士
井上幹康

日本法令

はじめに

　「事故物件」と聞いて、皆さんはどのようなイメージを持ちますか。
　「怖い」「気味が悪い」「住みたくない」と感じる方がほとんどではないでしょうか。

　2013年7月に父親が急逝したことがきっかけで、筆者の人生は大きく変わりました。命には限りがあること、そして亡くなった後はお金ではなく、周りの人にどれだけ喜んでもらえた人生だったかが何よりも重要であることを悟った時、残りの人生を世の中の役に立つために生きる覚悟を持ちました。そして17年半勤めたハウスメーカーを辞め、空き家問題の解決をするために不動産業として起業しました。
　起業して2年ほど経ったある日、孤独死が発生した不動産買取りの相談を受けました。
　「何だか怖そう」という多くの人が抱くような抵抗感が、筆者自身にもありました。
　ところが……。その売買にまつわるやり取りの中で、筆者自身の知識不足だけでなく不動産業界全体として取扱方法が未整備であることがよくわかりました。事故物件のネガティブな印象によって苦しめられている遺族の姿を目の当たりにし、事故物件の固定概念が打ち砕かれました。
　事故物件の扱いに困っている遺族…そのような方々を救いたいという気持ちは日に日に強くなり、ついに成仏不動産サービスを開始しました。
　事故物件は、亡くなった場所というだけではなく、故人やその家族が過ごした大切な想い出の場所です。そんな物件に携わり、役に立てることを誇りに思っています。一方で、その誇りが傷つけられる経験もしました。

　「事故物件を扱うなんて」
　「事故物件を安く買いたたくビジネスですよね」
　「事故物件をこれ以上扱われると取引ができかねます」

　これらは、実際に我々にかけられた言葉です。本社移転をしようと事務所の賃貸申込をすると、「事故物件を扱っている会社」という理由で、二度連続で断られたこともありました。

「世のために。人のために。」という企業理念のもと、“負動産”を“富動産”に変え、世の中の困りごとを解決したいと様々なメディアを通じて発信し続けていますが、これが今の日本における「事故物件を扱う」ことの現実です。

　なぜ事故物件はここまで嫌われ、偏見を受けるのか。
　事故物件に抵抗がなくなった今、改めて考えました。

　事故物件は、映画やドラマ、雑誌などでは怪奇現象が起こる心霊スポットとして扱われ、恐怖の存在となっています。また、インターネット上に出回っている事故物件の写真を見ると、どこも薄暗く汚いイメージを受けます。
　人の死というものに対する漠然とした恐怖や忌避感があるのは事実だと思います。ただ、世の中の至る所で人は亡くなっているにもかかわらず、特に事故物件だけがフォーカスされてしまうのはなぜでしょうか。

　「事故物件を扱う」ということは、この当たり前と思われる事故物件のイメージそのものに疑問を持つところから始まると考えています。

　事故物件に対してマイナスなイメージを抱く気持ちは理解できるものの、一方で所有している不動産が望まずして事故物件になってしまったオーナーはどうなるのでしょうか。超高齢化や生涯未婚率の上昇などに伴い、単身世帯数は増えています。また、戦争による世界情勢の不安や物価上昇、疾病、失業といった状況の変化から孤独死や自殺、殺人事件の発生が予想される中で、事故物件の問題は他人事でなくなっているのです。
　事故物件の現状を理解し、適切な処理と国土交通省発表のガイドラインにそった正しい取引を行い、事故物件に抵抗の少ない人へ届けていく。
　本書を手に取っていただいた方が万一事故物件を扱うことになった際に、慌てず恐れず正しく対応し、“負動産”を“富動産”として世の中に送り出すことにつながれば幸いに思います。

　最後に、本書の刊行にあたり、多大なるご支援とご協力をいただきました日本法令編集部の方々、共著にご協力をいただきました木下勇人先生、井上幹康先生に深く感謝いたします。

2024 年 1 月
花原　浩二

第2章　『宅地建物取引業者による人の死の告知に関するガイドライン』について

第3章　有事の対応

第4章　不動産の評価への影響

第5章　税務への影響

第6章 事故物件の再生

第7章　事故物件を出さないための賃貸人（大家）側の対策

第8章　事故物件の未来

巻末資料

第1章

事故物件の現状
（概要）

1 事故物件とは

　「事故物件」という言葉を耳にする機会は多いと思いますが、事故物件という言葉は法律で定められたものではありません。不動産取引における俗称となっているため、定義や解釈は取り扱われる場所によってまちまちでした。

　本書では、第2章の国土交通省発表の「宅地建物取引業者による人の死の告知に関するガイドライン」を受け、住居用不動産取引において告知が必要とされる以下の事象が発生した不動産を事故物件としています。

（ⅰ）　孤独死（孤立死とも表現）

　誰にも看取られることなく死亡し、発見までに時間がかかり体液や臭気の除去、害虫駆除といった特殊清掃が必要になった死

（ⅱ）　自　殺

　自ら命を絶った死

（ⅲ）　事故死

　転落や不慮の事故、火災などが発生し、特殊清掃や大規模リフォームが必要になった死

（ⅳ）　殺　人

　第三者によって殺害された事件による死

（ⅴ）　その他

　集合住宅の共用部などで発生した上記（ⅰ）～（ⅳ）や、隣接住戸で発生した（ⅰ）～（ⅳ）の死のうち、事件性、周知性、社会に与えた影響等が特に高い死

（1）事故物件のイメージ

　「事故物件」と聞くと、皆さんはどのようなイメージを持たれるでしょうか。

　幽霊、怨念、怖い、汚いなどといったネガティブなイメージを持つ方がほとんどではないでしょうか。筆者も以前は少なからず同様のイメージを持っていましたので、その気持ちは理解できます。しかし、成仏不動産サービス[1]を始めて思うことは、事故物件をしっかりと理解すれば怖がることも、避ける必要もないということです。人は知らないものを怖がる傾向があります。大切なのは、「理解すること」です。

　株式会社 AlbaLink（本社：東京都江東区、代表取締役：河田憲二）は、男女 983 人を対象に「事故物件に住むのはありかなしかについての意識調査」を実施（https://wakearipro.com/accident-property-questionnaire/）し、そのデータをランキング化しました。

　アンケートには、下記のような声があがりました。

■**なしを選んだ理由**

・霊感はないですが、精神的に受け付けないので絶対に住みたくないです。（40 代）
・仮に安い物件となっていても、金銭と別の問題があると困るため。（40 代）
・知り合いが事故物件で失敗しているので私はなしです。（30 代）
・正直、気分が滅入りそうなのと怖いからです。（30 代）
・事故物件に住んで怖い思いをした経験があるので、今後事故

1　㈱マークス不動産が事故物件を取り扱う不動産サービス。

物件に住むのは絶対に嫌です。（30代）

・霊的なものを以前から見やすく、知らなければ知らないほうがいい。（40代）

・何かあると事故物件に住んでいるからではないか、と考えてしまいそうなため。（20代）

・実害がなくても、精神健康に影響して結果的に高くつきそうだから。（20代）

・幽霊などは信じていないけれど、何となく嫌。（30代）

・亡くなられた方も気の毒ですし、運気が良くない部屋だと思うから。（40代）

このように、「なし」と答えた人の大半が「運」や「霊」、「何となく」など、精神的・心理的な理由をあげていました。

筆者が代表を務める（株）マークス不動産（以下、「当社」という）が行ったアンケート（「事故物件のイメージを教えてください」複数回答可）に対して、最も多かったのが「安い」です

■図表1-1 「事故物件」に対するイメージ

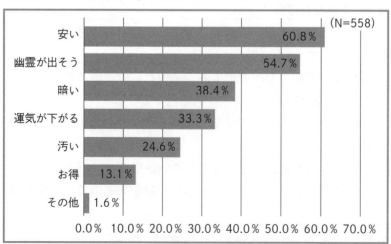

が、5割以上が「幽霊が出そう」と答えており、「事故物件に住めますか？」（複数回答可）の質問に対しては、約6割以上が「住めない」と答えています。

　実害はないと頭ではわかっているものの、何となくマイナスな印象を持っているという方は、事故物件を敬遠する傾向にあるようです。

　一方で、事故物件に対して抵抗がないという方もいます。そちらのアンケートについては第8章でご紹介します。

（2）事故物件と心理的瑕疵物件との違い

　事故物件と似た言葉で、「心理的瑕疵物件」というものがあります。「瑕疵」は法律用語のため耳慣れない方も多いと思われますが、欠陥、不具合、キズといった意味があります。不動産における心理的瑕疵物件とは、前項記載の事故物件の他に、反社会的勢力の事務所や心理的負担を感じる場所や施設などが近隣に存在するといった、契約前にその事実を知っていれば契約しなかったとされるような物件を指します。ただ、社会的影響の大きさや住戸内で自殺をはかったものの病院で死亡が確認されたケースなど

■図表1-2　心理的瑕疵物件と事故物件の関係

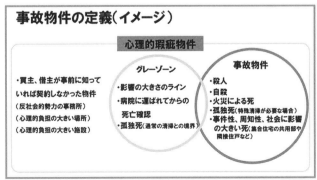

細かな線引きは難しくグレーゾーンが存在します。

　心理的瑕疵物件と事故物件との関係は**図表 1-2** のとおりです。

（3）これまでに起こった事故物件の問題と事故物件を見つける方法

　殺人事件や自殺といったあまり良くないイメージがある事故物件は、できれば避けたいという方は多いでしょう。また、オーナーとしても事故物件として扱われると、確実に資産価値が低下してしまうため、なるべくその事実を知られたくないものです。したがって、できれば告知したくないという考えに至ってしまいます。

　これまでは事故物件の種類（原因）に関して特にガイドラインがなかったことから、不動産管理会社やオーナーの間では、下記のようなことが発生していました。

> ・自社の物件でそれほど影響がないと思われる孤独死が起こった時に、告知すべきかどうか迷う。
> ・近所に知れ渡るような殺人事件であれば確かに告知したほうがよいが、孤独死であればしなくてもよいのではないかとわからないまま判断してしまう。
> ・事故が起こって新しい入居者が入り、その後退去した場合、次の入居者に告知する必要はないという噂が広まり、それを信じている不動産業者がいる。

　「定期借家契約で数日間入居すれば事故物件と言わなくてもよい」と勝手に解釈するケースがあります。基準がなかったために、オーナーや不動産業者による告知をしないという判断が、「事故物件と知っていれば入居しなかった・購入しなかった」と言って、損害賠償請求を求められたり、最悪の場合訴訟につな

がったりするケースもありました。

　また、極端な話になりますが、基準がないままでは、物件購入者が「明治時代にこの家で自殺があったそうではないか。知っていれば買わなかった」と言って、損害賠償請求を起こされる可能性もあります。

　今回のガイドラインの制定により、今後すべての賃貸人（大家）には、「3 年以内まで」事故物件の告知義務が発生するようになりました。

　まず、このガイドラインの説明に入る前に、これまで事故物件がどのように扱われてきたのかについて説明します。ガイドラインができる以前は、事故物件かどうかはどのようにして一般の人は知ることができていたのでしょうか。一般の人が自身で調べる方法は主に 6 つあります。

①　インターネットで調べる

　一番手軽に確認できるのがインターネットです。不動産業者に足を運んで実際に物件を見に行く前に、事故物件であるかどうかを把握しておくことで無駄足にならずに済みます。今は事故物件となればすぐにネット上に書き込みがされるなど、事故物件であるという事実を隠すことが非常に難しくなっているため、インターネットも重要な情報源となり得るでしょう。

　ただし一部間違った情報も出回っているため、情報収集する際は情報元にも注意しましょう。

　有名な情報サイトに、「大島てる」や「イエプラ」などがあります。

（ⅰ）大島てる

（https://www.oshimaland.co.jp/）

以下、大島てる氏のプロフィールです。

平成17（2005）年９月に事故物件公示サイト「大島てる」を開設（現在は大島てる物件公示サイトに改称）。当初は東京23区のみを対象としていたが、その後徐々に対象エリアを拡大していき、現在では日本全国のみならず外国の事故物件をも対象としている。関連書籍に『大島てるが案内人 事故物件めぐりをしてきました』（彩図社）・『事故物件サイト・大島てるの絶対に借りてはいけない物件』（主婦の友インフォス情報社）。ロフトプラスワンウェスト（大阪）での「事故物件ナイト」など、事故物件イベントが札幌・東京・名古屋・大阪で不定期開催中。事故物件サイトには英語版も存在。その活動は米紙『ウォール・ストリート・ジャーナル』でも紹介された。愛読雑誌は『週刊文春』と『FRIDAY』。

　日本だけでなく、海外の物件情報まで網羅しているサイトで、実際に不動産業者が利用することもあります。ユーザーが自由に情報を投稿でき、情報量が非常に多いのが特徴です。参考になる

情報も多い一方、ユーザー投稿型の情報という特性上誤った情報が含まれていることもあるため、あくまで参考程度に活用するのがよいでしょう。

当社が不動産業者に対して取得したアンケートでは、大島てるサイトのことを知っている方は約半数でした。

一方で、一般の人に聞いたところ、「知らない」という方が約半数以上いました。「聞いたことはある」方を含めるとあまり内容を知らない方が約8割以上もいるということがわかりました。

事故物件芸人の出現や、事故物件がバラエティ番組や映画等で取り上げられるようになり、少しずつ認知度は上がっていますが、まだまだ「事故物件を告知するサイト」への理解は全体的には浅いと言えるでしょう。

（ⅱ）イエプラ

（https://ieagent.jp/）

物件のURLをチャットやラインで送信することで、気軽に情報を確認できるサイトです。また、AIによる対応ではなく、実際にスタッフが回答してくれるので、事故物件であるかの確認だ

けでなく、他の細かい物件情報も丁寧に教えてくれます。

　このように特定のサイトを利用して調べる方法も有効ですが、Google 検索で「告知事項あり物件」を探し出すことも可能です。「告知事項あり」と記載された物件が事故物件であるというケースも多々あります。

　ただし、「告知事項」に該当するからといって、すべての物件が事故物件であるとは限りません。「告知事項あり」の意味は、その名前のとおり、物件について告知すべき事項があるということです。物件が気に入っていたとしても、その事実を知ったら契約を迷う、事前に知っていたら契約しないと感じるというような、契約の意思に影響を与える事実があるということです（物件の欠陥：法律用語では「瑕疵」と呼ばれる）。

　「告知事項あり」の多くは、何らかの理由で人の死に係る事故や事件が起こった過去のある「事故物件」といわれるものですが、それ以外にも告知事項にあたるものがあります。

・環境的瑕疵

　環境的瑕疵は、物件の周辺に嫌悪感を抱くような施設や環境がある場合の瑕疵を指します。具体的には、反社会的勢力の事務所やゴミ処理施設等が近くにある、騒音や悪臭などが発生する工場がある、高速道路や鉄道などの音や振動があるといったものが環境的瑕疵に該当する事象です。内容によっては、「心理的な瑕疵[2]」にあたるケースもあります。

・物理的瑕疵

　物理的瑕疵は、物件や土地にある物理的な重大な欠陥を指します。建物でいえば、雨漏りや水漏れ、シロアリ被害、構造上

2　自殺や殺人など歴史的背景によって心理的影響が及び、取引対象が本来あるべき住み心地を欠く状態のこと。

の欠陥、給排水管等設備の故障等。土地でいえば、地盤沈下やゴミ・廃棄物の埋設物、土壌汚染等が物理的瑕疵にあたります。

・法的瑕疵

　法的瑕疵は、建築基準法や消防法、都市計画法などといった法的に問題がある瑕疵を指します。構造上の安全性や容積率、建ぺい率などの基準違反や、防災設備の設置義務違反などが該当します。

②　不動産業者に確認する

　インターネットで調べることができれば手っ取り早いのですが、物件によっては公開されていない情報もあります。事故物件に関する情報がなくて気になる場合は、不動産業者に直接確認します。

　不動産業者が、事故物件であるのに事故物件ではないとして契約の相手方である買主や借主に嘘をついた場合、宅地建物取引業の免許を取り消されることがあります。したがって、嘘をついてまで事故物件ではないと言い張る可能性は低いといえます。

③　周辺の物件相場から見て物件の家賃が明らかに安い

　同じ物件内でも他の部屋と比較してずいぶん価格が安い、近隣の物件と比較して、築年数や部屋の広さといった他の条件に差があるわけでもないのに、明らかに安い場合、事故物件の可能性があります。

　当然ですが事故物件、つまり心理的瑕疵があると、物件の資産価値は大きく低下します。ただ、その心理的瑕疵の内容によっても、価値の下落幅は大きく変わってきます。ニュースで取り上げられるぐらいの出来事、例えば物件内で殺人事件や無

理心中といった大きな事件が過去に起こった場合は、自然死や飛び降り自殺が起こった場合と比べて、資産価値は大きく下落するといわれています。

当社の実績においても、孤独死と殺人事件の相場下落率を比較すると、やはり殺人事件は大幅に下落しています。

逆に事故物件であることを気にしない人の中には、そのような訳あり物件にコストパフォーマンスの側面を評価している人もいます。

④ 物件名が変更されている

例えば、同一物件内の一室だけが訳ありというわけではなく、エントランスやラウンジといった物件の共用スペースで事故が起こった場合、その物件自体が事故物件として扱われることもあります。もちろん事件性がないケースでは特に物件価値への影響は低いと考えられますが、殺人事件などが共用スペースで起こった場合は物件に対する印象が悪くなってしまいます。現代はインターネットで物件名を検索すれば、事故物件であることがすぐにわかる時代です。大きな事故が起こった場合、物件の価値を下げたくないがために、大家や不動産業者が物件名を変更することがあります。Google マップなどで物件名が更新されておらず、変更前の物件名が表示されているケースもあります。ただし、物件名が変更されていること自体は問題ではなく、売買などで所有者が変わる際に、新しい所有者が名前を変更することがあるので、確認が必要です。

⑤ 特定の箇所が不自然にリフォームされている

遺体から出る体液や血液が床下や建物の壁、柱などまで浸透している場合、特殊清掃だけでは対処しきれないことがあります。その場合はリフォームをしてきれいにする必要があります

が、不自然に特定の場所のみがリフォームされていてきれいな
状態の場合は、事故物件の可能性があります。

⑥　定期借家契約となっている

　定期借家契約とは、契約期間が事前に決まっているため、契
約更新ができない契約のことをいいます。つまり契約が満了す
ると更新手続をすることなく、その時点で契約が切れます。通
常の一般借家の場合は、契約期間が 1 ～ 2 年であるのに対し
て、定期借家の場合は契約期間を設定できるため、1 年未満や
中には 1 ～ 3 か月と非常に短期間の契約を設定することも可能
になります。この定期借家契約自体は一般的な契約行為です
が、事故物件に誰か一人でも入居すれば事故物件ではなくなる
という法的には認められていない噂を都合よく信じて、定期借
家契約を利用し入居者を短期間で入れ替えて告知をせずに再募
集をかけるといったケースがあります。今回制定されたガイド
ラインでは、賃貸の事故物件の告知義務は発生から約 3 年と
されているので、定期借家契約でも 3 年以内は告知をする必
要が出てきます。

　もちろん、定期借家契約を採用しているすべての物件が事故
物件であるということではありません。不動産の契約をする際
は、事故や事件歴がないか、不動産業者に確認したほうがよい
でしょう。

2 それぞれの死の発生件数データ

事故物件の定義はあいまいな部分が多く、発生件数は正確に把握されていません。民間で運営している情報提供ウェブサイト「大島てる」に掲載されている事故物件の数では、全国で79,702件（2023年8月9日時点）となっていますが、成仏不動産サービスで取り扱った事故物件の大半が掲載されていない点を考えると、実際の発生件数とは大きな乖離があると思われます。公的機関や民間の調査機関が発表しているデータをもとに、事故物件の発生件数を種類別に推計していくと、以下のようになります。

（1）孤独死

民間の調査機関（ニッセイ基礎研究所「孤立死発生確率と全国推計」）によれば、2011年の東京23区での「自宅で死亡し、発見まで死後2日以上経過」の発生確率をもとに全国の推計を行うと年間26,821件にのぼるとされています。また、東京都福祉保健局「東京都監察医務院で取り扱った自宅住居で亡くなった単身世帯の者の統計」によると、2011年に7,760件だった単身者の自宅死亡数が、2019年には8,433件と8年間で約8.7％増加しています。この増加率をもとにニッセイ基礎研究所のデータから推計すると、2022年時点では約30,000件近い孤独死が発生していたと考えられます。

「第7回孤独死現状レポート」（一般社団法人日本少額短期保険協会孤独死対策委員会2022年11月）や、「令和2年版高齢社会白書（全体版）」等の統計からしても、孤独死と考えられる事例が多数発生しています。死因不明の急性死や事故で亡くなった人の検案、解剖を行っている東京都監察医務院が公表しているデータによる

■図表 1-3　孤独死に関するデータ

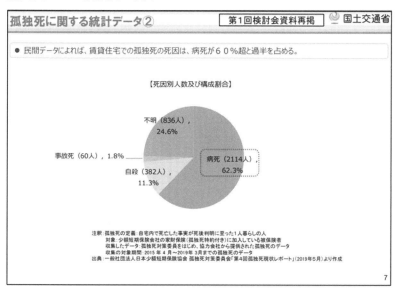

（国土交通省「死因別統計データ」）

と、東京 23 区内における一人暮らしで 65 歳以上の人の自宅での死亡者数は、平成 30（2018）年に 3,882 人となっています。

（2）自　殺

　厚生労働白書によると、自殺率と失業率は概ね連動しています。2020 年は新型コロナウイルスの影響で失業率、自殺率ともに上昇し、警察庁の「令和 4 年中における自殺の状況」において、21,881 人と発表され、対前年比 874 人増加しています（**図表 1-4、図表 1-5**）。

　また、警察庁の「自殺統計」の場所別データによると 59.5％が自宅で亡くなっており、推計で約 12,500 人が自宅での自殺で亡くなっていると推定されています。

■図表 1-4　自殺率と失業率の推移

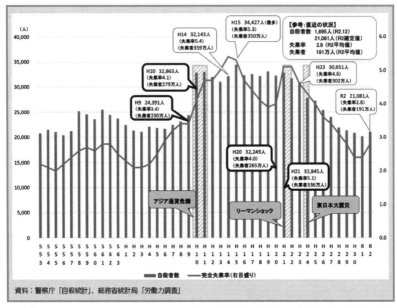

（厚生労働省「令和 3 年版厚生労働白書」）

■図表 1-5　自殺者数の推移

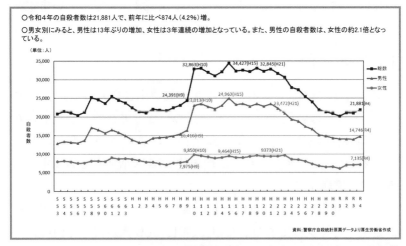

（警察庁「令和 4 年中における自殺の状況」）

■図表 1-6　60 歳以上の自殺者数

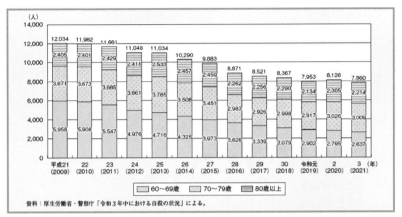

（内閣府「令和 4 年版高齢社会白書」）

　図表 1-6 を見ると、令和 3（2021）年における 60 歳以上の自殺者数は 7,860 人で、減少傾向が続いています。年齢階級別に見ると、60〜69 歳（2,637 人）、70〜79 歳（3,009 人）、80 歳以上（2,214 人）となり、いずれも前年に比べ減少しています。

（3）事故死（転落、不慮の事故、火災による死亡）

　転落死や不慮の事故の数は、家庭内での不慮の事故数のデータが参考になります。

　厚生労働省の「人口動態統計（2020 年）」によると、家庭における不慮の事故で亡くなった人は 13,708 人で、交通事故で亡くなった人 3,718 人の約 3.7 倍にものぼります。家庭内で起こる死亡事故は 65〜79 歳が 33.0％、80 歳以上が 54.3％と、高齢者の割合が 9 割近くを占めています。

■図表 1-7　家庭における不慮の事故による死因

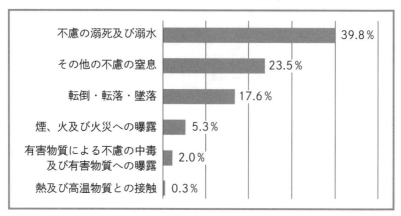

（厚生労働省「人口動態統計」2020 年）

・火　災

　令和 4（2022）年 7 月 4 日（令和 4 年 8 月 3 日訂正）消防庁「令和 4 年（1〜3 月）における火災の概要（概数）」のデータによると、火災による総死者数は 571 人、負傷者数は 1,820 人でした。火災による負傷者の火災種別では、建物火災が 1,527 人でした。

　建物火災における死者 485 人のうち住宅（一般住宅、共同住宅および併用住宅）火災における死者は 409 人で、さらにそこから放火自殺者等を除くと 379 人となっています。なお、建物火災の死者に占める住宅火災の死者の割合は、84.3% で、出火件数の割合 58.3% と比較して非常に高くなっています。

　出火原因の第 1 位は、「たき火」、続いて「たばこ」で、総出火件数の 11,337 件を出火原因別にみると、「たき火」1,297 件（11.4%）、「たばこ」1,008 件（8.9%）、「火入れ」871 件（7.7%）、「こんろ」736 件（6.5%）、「放火」626 件（5.5%）の順となっています。「放火」および「放火の疑い」をあわせると 1,095 件（9.7%）でした。

■図表 1-8　令和 4 年と令和 3 年の火災件数等の比較

令和 4 年（1 〜 3 月）と令和 3 年（1 〜 3 月）の火災件数等の比較

	令和 4 年 （概数）	令和 3 年 （概数）	増減率
総出火件数	11,337 件	11,279 件	0.5 %
建物火災	5,938 件	5,836 件	1.7 %
（うち住宅火災）	(3,460 件)	(3,373 件)	(2.6 %)
林野火災	516 件	612 件	− 15.7 %
車両火災	768 件	856 件	− 10.3 %
船舶火災	23 件	14 件	64.3 %
航空機火災	1 件	0 件	−
その他火災	4,091 件	3,961 件	3.3 %
火災による死者	571 件	515 人	10.9 %
火災による負傷者	1,820 人	1,733 人	5.0 %
住宅火災による死者 （放火自殺者等を除く。）	379 人	368 人	3.0 %
うち 65 歳以上の高齢者	283 人	284 人	− 0.4 %
原因別出火件数			
放火と放火の疑いの合計	1,095 件	1,232 件	− 11.1 %
（うち放火）	(626 件)	(693 件)	(− 9.7 %)
（うち放火の疑い）	(469 件)	(539 件)	(− 13.0 %)
たき火	1,297 件	1,165 件	11.3 %
たばこ	1,008 件	1,007 件	0.1 %
こんろ	736 件	730 件	0.8 %

（消防庁）

■図表 1-9　火災種別及び出火原因別火災件数

【令和 4 年（1 〜 3 月）における火災の状況（概数）】

第 7 表　　火災種別及び出火原因別火災件数

火災種別	合計	たばこ	こんろ	かまど	風呂かまど	炉	焼却炉	ストーブ	こたつ	ボイラー	煙突・煙道	排気管	電気機器	電気装置	電灯電話等の配線
全火災	11,337 (順位)	1,008 (2)	736 (4)	17 (26)	50 (21)	21 (23)	91 (18)	588 (6)	24 (22)	20 (25)	81 (20)	147 (12)	415 (9)	107 (16)	373 (10)
建物火災	5,938	556	712	14	48	18	38	573	24	16	75	11	304	65	578
林野火災	516	14	2				5	1			1				
車両火災	768	39	4				1	1				117	59	27	14
船舶火災	23		1										1	1	
航空機火災	1														
その他火災	4,091	399	17	3	2	3	47	13		4	5	18	51	15	80

火災種別	内燃機関	配線器具	火あそび	マッチ・ライター	たき火	溶接機・切断機	灯火	衝突の火花	取灰	火入れ	放火	放火の疑い	交通機関内配線	その他	不明・調査中
全火災	21 (23)	444 (8)	110 (15)	184 (11)	1,297 (1)	114 (14)	102 (17)	16 (27)	117 (13)	871 (3)	626 (5)	469 (7)	82 (19)	1,866	1,340
建物火災	3	408	33	71	165	66	101		69	66	247	137	14	987	839
林野火災			10	16	186	1			5	129	6	29		65	46
車両火災	18	11	2	15	10	6		14	2	15	32	20	65	168	128
船舶火災		1				3			1	1			3	5	5
航空機火災															1
その他火災		24	65	82	936	38	1		40	660	341	283		641	321

（消防庁）

（4）殺　人

　警察庁「犯罪統計」によると、2020年の殺人の認知件数は929件とされています。こちらも自宅での殺人件数は発表されていませんが、年間数百件と想定されます。

■図表 1-10　刑犯罪件数

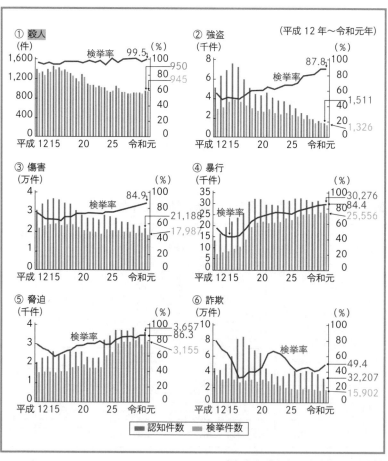

（法務省「令和 2 年版犯罪白書」）

① 殺人（図表 1-10）

　法務省の資料によると殺人の認知件数は、平成 16（2004）年から 28（2016）年までは減少傾向にあり、同年に戦後最少の 895 件を記録しました。その後はおおむね横ばいで推移しており、令和元（2019）年は 950 件（前年比 35 件（3.8％）増）でした。検挙率は、安定して高い水準（元年は 99.5％）にある、としています。

■図表 1-11　各国における殺人の発生件数・発生率の推移

（2013年～2017年）

① 日本

年　次	発生件数	発生率
2013年	370	0.3
2014	395	0.3
2015	363	0.3
2016	362	0.3
2017	306	0.2

② フランス

年　次	発生件数	発生率
2013年	777	1.2
2014	792	1.2
2015	1,012	1.6
2016	874	1.4
2017	824	1.3

③ ドイツ

年　次	発生件数	発生率
2013年	682	0.8
2014	716	0.9
2015	682	0.8
2016	963	1.2
2017	813	1.0

④ 英国

年　次	発生件数	発生率
2013年	603	0.9
2014	589	0.9
2015	652	1.0
2016	789	1.2
2017	809	1.2

⑤ 米国

年　次	発生件数	発生率
2013年	14,319	4.5
2014	14,164	4.4
2015	15,883	4.9
2016	17,413	5.4
2017	17,284	5.3

注　1　UNODC Statistics, Crime and Criminal Justice, Homicide rates（殺人）統計（令和 2 年（2020年）7 月 7 日確認）及び国連経済社会局人口部の人口統計（World Population Prospects 2019）による。
　　2　「発生率」は、前記人口統計に基づく人口（各年 7 月 1 日時点の推計値）10万人当たりの発生件数である。
　　3　「英国」は、イングランド、ウェールズ、北アイルランド及びスコットランドをいう。

（法務省「令和 2 年版犯罪白書」）

　統計探偵であり統計データ分析家である本川　裕氏が、PRESIDENT Online で 2020 年 11 月 09 日「家族による殺人増加」家にいるほど身内への憎しみが増幅するメカニズム〜コロ

ナ禍で窃盗など犯罪件数は減少」で、次のように述べています。

　「コロナの影響で件数が減少しなかった犯罪として特筆すべきなのは『殺人』である。もともと『窃盗』や『暴行・傷害』などと比較して件数レベルが圧倒的に小さいので、対前年同月増減についてもかなりブレがある。しかし、コロナの影響で特に減少幅が広がったとは見られず、むしろ、5～8月は連続して件数が増加している点に注目したい。外出を控え自宅にいるようになるとむしろ増加してしまう犯罪なのではないかと考えられるのである。」

　上記から考えると、年間約 44,000 件の事件となります。この件数が一概に事故物件の発生件数とは言い切れませんが、隣接住戸も事故物件とするケースもありますので、ある程度実数に近い発生件数ではないかと思われます。何年経過するまでを事故物件として扱うかにもよりますが、年々積み重なっていることから、数十～百万件程度の事故物件が全国に存在している可能性があると考えられます。

3　それぞれの死の場合の不動産の相場比率

　孤独死、殺人、自殺、それぞれの事故の場合、不動産の売却・賃貸価格はどのくらい下落するのでしょうか。

（1）孤独死

　孤独死は、死後長期間経過して発見に至った場合、事故物件扱いされることが多くあります。事故物件に該当すると、その事実を明確に伝える必要があります。見た目では事故物件であることがわからなかったとしても、事故物件であるという事実から不気味に感じてしまい、不動産価格が下落することもあります。しかし、当社が取得したアンケートを見てみると、約70％の方が孤独死にあまり抵抗がないことがわかります。孤独死は他の死に比べて、まだ受け入れやすいといえるでしょう。

　孤独死の物件が成約した際の、相場比率を見てみましょう。発見が比較的早いものについてはそれほど下落せず、発見が遅れれば遅れるほど下落するというのが一般的にいえることです。しかし、当社の実績では、一概にそうとはいえず、その他の要素である立地なども関係してくることから、ケースバイケースといえます。

①　賃　貸

成約済み【孤独死】

番号	物件名	エリア		事故内容	発見期間	種類	間取り	契約まで日数 (A − B)	事故なし想定価格 (C)	成約価格 (D)	相場比率 (D/C)
5	■■■■	■■	神奈川県	孤独死	不明	MS	2LDK	59	10,800	9,800	90.7%
6	■■■■		千葉県	孤独死	2週間	一種 AP		85	4,480	4,480	100.0%
7	■■■■		埼玉県	孤独死	1週間	土地			2,500	2,100	84.0%
8	■■■■		千葉県	孤独死	2か月	土地			15,000	11,000	73.3%
9	■■■■		千葉県	孤独死	10日	戸建	6LDK		25,000	1,700	88.0%
10											
	平　均							53.3	19,209	15,853	82.5%

② 売　買

成約済み【孤独死】

番号	エリア	事故内容	発見期間	間取り	契約まで日数 (B－A)	保有期間 (日)	事故なし想定価格 (c)	成約価格 (D)	相場比率 (D/C)
1	東京都	孤独死	6か月	1R	15	164	32,000	31,500	98.4%
2	神奈川県	孤独死	1か月	2SLDK	20	100	17,000	15,500	91.2%
3	東京都	孤独死	1か月	1R	13	81	19,800	19,500	98.5%
4	埼玉県	孤独死	10日	3LDK	28	180	7,000	6,500	92.9%
5	埼玉県	孤独死	半年	4LDK	0	0	3,000	1,500	50.0%
6	東京都	孤独死	10日	2LDK	18	0	43,000	40,500	94.2%
7	神奈川県	孤独死	2か月	3LDF	4	15	5,500	4,500	81.8%
8	東京都	孤独死	2か月	1R	14	112	30,000	29,800	99.3%
9	神奈川県	孤独死	1か月	3LDF	26	88	29,800	28,800	96.6%
10	神奈川県	孤独死	10日	3DK	14	0	7,500	7,300	97.3%
11	群馬県	孤独死	10日	1K	0	0	1,500	1,200	80.0%
12	埼玉県	孤独死	2週間	1K×8戸	21	70	16,800	13,000	77.4%
13	神奈川県	孤独死	10日	3LDK	23	53	18,000	14,000	77.8%
14	千葉県	孤独死	1日	4LDF	0	0	3,000	2,500	83.3%
15	神奈川県	孤独死	4か月	1SDK	154	221	15,000	11,800	78.7%
16	埼玉県	孤独死	2か月	2LDK	71	121	4,500	3,000	66.7%
17	神奈川県	孤独死	18日	1R	0	0	6,500	5,100	78.5%
18	茨城県	孤独死	1か月	3LDK	0	0	900	600	66.7%
19	埼玉県	孤独死	1か月半	－	32	0	9,000	9,000	100.0%
20	神奈川県	孤独死	20日	2LDK	65	117	30,000	27,800	92.7%
21	埼玉県	自殺・孤独死	1か月	1R	23	0	5,500	4,750	86.4%

（2）殺　人

　一方で、下落率が高いのが、事件性の高い「殺人」などですが、複数名の刺殺や過失致死など殺人の内容によって下落率が異

なります。

① 賃　貸

　一番上の賃貸物件を見てみると、相場比率が15%にまで落ちているものもあります。

成約済み【事件】

番号	物件名	エリア		事故内容	発見期間	種類	間取り	契約まで日数(A－B)	事故なし想定価格(C)	成約価格(D)	相場比率(D/C)
1			首都圏	2人刺殺	当日	MS	4LDK	64	2,000	300	15.0%
2			首都圏	過失致死	当日	MS	3DK	13	12,000	9,800	81.7%
3			首都圏	殺人	当日	MS	3DK	147	5,000	3,300	66.0%
4			首都圏	殺人自殺	当日不明	戸建	4LDK	55	1,500	600	40.0%
5											
	平　均							69.8	5,125	3,500	68.3%

② 売　買

成約済み【事件】

番号	エリア	事故内容	発見期間	間取り	契約まで日数(B－A)	保有期間(日)	事故なし想定価格(c)	成約価格(D)	相場比率(D/C)
1	首都圏	事件	即日	3LDK	43	138	6,000	3,000	50.0%
2	首都圏	事件	半年	3LDK	17	0	3,000	1,500	50.0%
3	首都圏	事件	即日	3LDK	0	0	5,000	1,000	20.0%
	平　均				20.0	46.0	4,667	1,833	39.3%

（3）自　殺

　「自殺」については、事例によってはかなり下落しているものがありますが、孤独死と比べてそれほど下がっていないことがわかります。

① 賃 貸

成約済み【自殺】

番号	物件名			事故内容	発見期間	種類	間取り	契約まで日数(A－B)	事故なし想定価格(C)	成約価格(D)	相場比率(D/C)
2				首都圏	首吊り	当日	MS	1LDK	12	52,800	47,800	90.5%
3				首都圏	首吊り	当日	MS	3LDK	24	54,800	49,800	90.9%
4				首都圏	首吊り	当日	区分MS	3LDK	64	17,300	17,300	100.0%
5				首都圏	不明	不明	AP	－	42	9,800	7,300	74.5%
6				首都圏	首吊り	当日	戸建	4LDK	123	4,500	3,420	76.0%
7				首都圏	焼死	当日	戸建	4LDK	24	9,000	4,000	44.4%
8				首都圏	首吊り	即時	MS	3LDK	50	29,800	25,000	83.9%
9				首都圏	首吊り	約20日間	戸建	4LDK	29	1,800	1,250	
10												
	平　均								50.1	20,044	17,386	86.7%

② 売 買

成約済み【自殺】

番号	エリア	事故内容	発見期間	間取り	契約まで日数(B－A)	保有期間(日)	事故なし想定価格(c)	成約価格(D)	相場比率(D/C)
1	首都圏	自殺	即	3LDK	12	94	25,000	21,800	87.2%
2	首都圏	共用部飛折	即	2LDK	7	0	17,000	16,000	94.1%
3	首都圏	自殺	即	4LDK	45	92	16,500	15,800	95.8%
4	首都圏	自殺	3か月	3LDK	9	59	29,000	27,000	93.1%
5	首都圏	自殺	1日	4DK	24	46	10,000	8,800	88.0%
6	首都圏	自殺	3日	4LDK	30	50	25,000	22,800	91.2%
7	首都圏	自殺	2日	3LDK	50	84	29,000	26,800	92.4%
8	首都圏	自殺	1日	4LDK	44	113	18,800	17,800	94.7%
9	首都圏	自殺	1～2か月	3LDK	137	181	23,800	17,600	73.9%
10	首都圏	自殺	2日	1K	31	31	3,500	3,000	85.7%
11	首都圏	自殺	1日	6LDK	69	21	7,000	6,000	85.7%
12	首都圏	自殺	数日	3DK	2	0	8,500	8,000	94.1%
13	関西	自殺	即	3LDK	15	35	24,800	22,000	88.7%
	平　均				36.5	62.0	18,300	16,415	89.7%

　一概にこのケースが下落する・下落しないとは言い切れませんが、1つの指標として次の点が参考になるのではないでしょうか。

・流動性の高い都心 or 人の死が噂になりやすい田舎
・死の種類（殺人は殺人でも凶悪犯罪の場合など）
・孤独死の場合、発見までの経過時間の長さや季節

　当社が一般消費者に対して行ったアンケートで、興味深い結果が得られました。事故物件に「事故の内容次第では住める」と回答した人で住むことが可能な事故物件のランキングを見てみると、圧倒的に孤独死に抵抗感がないということがわかり、その次に火災による死亡物件、自殺と続きました。
　やはり買主や借主の心境として心理的な負担が少ないものは、ニーズも一定数あります。ニーズがあるので価格が下落しにくいということが言えるでしょう。

4 事故物件の現場－事故物件の部屋を開けてみるとこんな物件が多い

　成仏不動産サービスを始めてから3年で1,000件以上の相談を受けてきました。個別には様々な背景や事情などがありますが、それぞれの現場に足を運び詳しく話を聞くうちに、事故物件にはいくつかの特徴があることがわかりました。突発的に発生する殺人現場にはそれほど特徴といったものは見受けられませんが、孤独死が発生する場合には特徴が色濃く出ています。

（1）住環境

①　ゴミ屋敷

　事故物件の一番の特徴は、ゴミ屋敷が多いことです。ゴミ屋敷とは明確に定義されてはいませんが、一般的には「住居内にゴミが堆積しており、生活できる空間が限られ、管理されていない住居」のことを指します。部屋に入るとゴミが散乱し、モノが散らかっていることが多くあります。これまで不動産の査定のために何度もお客様の自宅に入ってきましたが、圧倒的に事故物件のゴミ屋敷比率は高くなっています。ゴミの程度は様々ですが、歩くスペースがなく山のようにゴミが積み上げられている現場や、至るところに排尿したペットボトルが置かれているようなケースもあります。そこまでゴミが散乱していない現場でも、荷物が折り重なってぐちゃぐちゃに積まれ、台所、洗面、浴室、トイレなどはかなり汚れている部屋も多くあります。

　一般的な感覚では理解しづらいかもしれませんが、どうやって生活していたのだろうかと不思議なほどの悪臭と、寝るスペースもなくトイレも流せないほどの環境です。

（ⅰ）　ゴミ屋敷のリスク

　ゴミ屋敷は単に見栄えが悪いだけではありません。他にも様々なリスクが潜んでいます。

・悪臭や害虫の発生

　不衛生な状態が長期間続くと、悪臭やゴキブリなどの害虫、ばい菌などが発生しやすくなります。悪臭は近隣住民にも悪影響を及ぼしかねません。

・火災のリスク

　ゴミの下に埋まっている配線がショートしてしまう、あるいは清掃が行き届いておらず、コンセントに溜まったホコリが原因で発火してしまう可能性があります。また出火元の火が大量のゴミを伝わって広がり、大火災を引き起こす危険性もあります。

・建物の劣化

　堆積された大量のゴミで重量が増すことで、建物が劣化する危険性があります。また、カビや湿気などが原因となり床や柱などの腐食が進み、建物の劣化が進行していきます。

②　カ　ビ

　ゴミ屋敷に通じるところがありますが、カビが発生している物件です。発見が遅れたためにカビが発生していたという場合もありますが、窓を開けて換気をしていないのか、立地的に湿気の多い場所だからなのか、壁紙や水廻りにカビが生えている物件が多く見られます。

　2021 年 9 月 7 日のウェブ版デイリー新潮に掲載されている「事件現場清掃人は見た　48 室のうち 3 分の 1 が事故物件というヤバすぎるマンションの問題点」では、『事件現場清掃人　死と生を看取る者』（飛鳥新社）を出版した高江洲（たかえす）敦氏は次のように述べています。

「カビは感染症や中毒、アレルギーといった健康上の問題を引き起こします。極論なことを言えば、私は『カビが人を殺す』とさえ思っています。特殊清掃の現場は、例外なくジメジメしていてカビ臭く、壁面にはカビによって生じた黒い斑点があることが少なくありません」

「ワンフロアに6部屋ありましたが、なんと半分の3部屋が事故物件でした。こんな例は初めて聞いたので、愕然としましたね。3つの部屋のドアにはガムテープが貼られ、リフォームもせず放置されていました。気になって上の階にも行ってみると、2部屋が事故物件で、同じようにガムテープが貼られていました」

「不動産屋の話では、48部屋のおよそ3分の1が事故物件になっていたそうです。しかも、そのほとんどがリフォームされていません。というのは、部屋のオーナーの利回りは、家賃から管理費を差し引くと月2万円ほどで、年間20数万円です。ユニットバスをリフォームすると300万円かかりますから、これでは割に合わないというので、そのまま放置されていたようです」

　読者の皆さんの中には、なぜカビと事故物件が関連するか、不思議に思う方もいるでしょう。JA岐阜厚生連中濃厚生病院のサイトに、「肺真菌症」について記述があります。これを見ると、少しは関係性が見えてくるのではないでしょうか。

「肺真菌症は、真菌（カビ）を吸い込むことによって肺に発病する病気です。真菌は空気などの環境中に存在しており、通常、健康な人には深在性真菌症が起こることはまれです。特に高齢者や免疫抑制剤の治療中などの免疫が低下した人で病気の原因となることがあります。急激に症状が進行する場合と緩やかな経過をとる場合があり、発熱、たん、血痰、呼吸困難、全

身倦怠感などの症状がおこりえます。」

　上記のように、健康的な人にとってそれほど直接的な問題にならないカビですが、体力が衰えている人や抵抗力の弱い高齢者にとっては、カビ自体がアレルギー源となり、喘息や鼻炎、皮膚炎などを発症する場合もあり、重症な病気を引き起こす脅威となり得ます。

　また、カビによって引き起こされる病気に「アスペルギルス症」というものがありますが、高齢者にとっては健康被害に大きく影響してくると見られます。

　横浜市のサイトには下記のような記述があります。

アスペルギルス症（aspergillosis）は、カビの一種であるアスペルギルス（Aspergillus）によって起こされる病気です。アスペルギルス症（aspergillosis）には、アレルギー性気管支肺アスペルギルス症（ABPA：allergic bronchopulmonary aspergillosis）と侵襲性アスペルギルス症（IA：invasive aspergillosis）とがあります。
アレルギー性気管支肺アスペルギルス症では、咳や喘鳴などのアスペルギルスによるアレルギー性の呼吸器症状が見られます。
侵襲性アスペルギルス症では、免疫に問題がある人で、主に肺において、アスペルギルスが組織を侵し破壊します。肺における侵襲性アスペルギルス症では、発熱、胸痛、咳、息切れ等が見られます。ただし、発熱はステロイド剤を使用している人では見られないこともあります。アスペルギルスは、肺以外の組織を侵すこともあり、全身の組織に広がることもあります。脳や皮膚や骨、肝臓、腎臓を侵すこともあります。免疫に問題がある人とは、例えば、骨髄移植や臓器移植を受けた人、ステロイド剤を多量に使用している人、白血病や悪性腫瘍に対する化学療法を受けている人、HIV（ヒト免疫不全ウイルス）に感染している人、血液中の好中球が少ない人、慢性肉芽腫症（CGD：chronic granulomatous disease）で見られるような好中球の働きに障害がある人などです。侵襲性アスペルギルス症の進行は、速い場合には、発病から 1-2 週間で死に至ることがあります。
アスペルギルス（Aspergillus）は、環境中によく見られ、多くの人は毎日のように、アスペルギルス（Aspergillus）の分生子（conidia）を吸い込んでいます。アスペルギルス（Aspergillus）の分生子（conidia）を吸い込んでも、免疫がない人では、何も起こりません。しかし、免疫に問題がある人がアスペルギルス（Aspergillus）の分生子（conidia）を多量に吸い込んだような場合、アスペルギルス（Aspergillus）が感染を起こすことがあります。
アスペルギルス（Aspergillus）は、肺や副鼻腔などにアスペルギルス腫（aspergilloma）を形成することがあります。アスペルギルス腫（aspergilloma）は胸部X線写真やCT検査などで球形の形状として認められることがあり、真菌球（fungus ball）と呼ばれることがあります。肺アスペルギルス腫（lung aspergilloma）は、肺気腫や結核の既往歴のある人で見られることがありますが、無症状のことが多く、時として血痰・喀血が見られます。

　アスペルギルスというカビは、エアコンやカーペットに発生しやすく、免疫力が低下している場合や肺に疾患がある場合、肺に菌糸や血の塊が形成され、咳や痰が続くなど喘息のような症状を引き起こすことがあるといわれています。

③　暗　い

　　住環境のもう一つの特徴として、室内が暗いこともあげられます。壁や床が暗い色であったり、窓が小さかったり、近隣の建物や地形の関係で光が入りづらい環境になっていたりする不動産は多く存在します。

　　人は日光を浴びることでセロトニンが分泌されます。セロトニンは一般的に幸せホルモンと呼ばれ、精神を安定させて幸福感を得やすくする作用があると言われています。暗い部屋で引きこもりのような状態が続くことで自律神経のバランスが崩れ、精神的に悪影響を及ぼし、結果として孤独死につながっていくのではないかと考えられます。

　　住環境と事故物件発生の間に直接的な因果関係があるのかはわかりませんが、数多くの事故物件を見てきて、住環境が精神状態へ与える影響は想像以上に大きく、「生きる」ことへの意欲さえも変えてしまうのではないかと思われます。また、カビなどが発生している住宅で生活することも、中長期的にみると健康への影響が出て結果として寿命を縮めることにつながるのかもしれません。昨今「建築医学」という言葉を耳にすることがありますが、住環境と事故物件発生の因果関係について研究が進むことを期待したいです。

（2）ゴミ屋敷とセルフネグレクトの関係性

　　前述した3つの特徴の中で、最も孤独死に関係しているのが「ゴミ屋敷」です。ゴミ屋敷となる原因は数多くありますが、「セルフネグレクト」は最も大きな原因になっていると指摘されています。

■図表 1-12　セルフネグレクト状態にある高齢者の調査

「セルフネグレクト状態にある高齢者に関する調査―幸福度の視点から」のポイント
(平成 22 年度委託事業)

内閣府 経済社会総合研究所
幸福度研究ユニット
平成 24 年 1 月

1. 調査概要

① **市区町村調査**
調査対象：　　　全国 1,750 市区町村
有効回収票数：　982 票（有効回収率：56.1％）

② **地域包括支援センター調査**
調査対象：　　　全国 4,527 か所の地域包括支援センター（以下「センター」）
有効回収票数：　1,884 票（有効回収率：41.6％）

③ **民生委員調査**
調査対象：　　　各自治体の民生委員定数の約 1 割に当たる 28,655 人の民生委員
有効回収票数：　11,806 票（有効回収率：41.2％）

④ **本人調査**
調査対象：　　　セルフネグレクト状態にある、又は過去セルフネグレクト状態にあった
　　　　　　　　調査可能な全国 138 人の高齢者
　　　　　　　　本人への聞き取りの前に、支援者（担当センター職員、民生委員）への
　　　　　　　　聞き取りも実施

2. 調査結果

(1) **セルフネグレクト状態にあると考えられる高齢者の報告件数【P15-19】**

	地域包括支援センター調査	民生委員調査	合計（重複を調整）	全国推計値
セルフネグレクト高齢者数	4,345 人	5,055 人	7,394 人	9,381 ～ 12,190 人（平均値 10,785 人）

（内閣府）

　セルフネグレクトとは、「生活環境や栄養状態が悪化しているにもかかわらず、改善することを放棄し、本来の生活を取り戻すことが困難な状態」のことを指します。社会的に孤立しやすい一人暮らしの高齢者に多い傾向にあります。

【セルフネグレクトの特徴】

・栄養状態が悪くなる

・身体の衛生状態が悪くなる

・自宅にゴミをため込み掃除もせず、住環境の衛生状態が悪くなる

・健康・安全の維持に必要な医療やサービスを拒否する

・服薬の管理ができない

> ・窓や壁に穴が開いていても気にしない
>
> ・汚れた服をいつも着ている

　一度セルフネグレクトに陥ってしまうと、住環境にも関心がなくなってしまい、衛生状態が悪くなっても気にならなくなるようです。自分の健康にも関心がなくなり、食生活にも気を配らず、医療を受ける気すらも失われる。これらの条件が揃うと、高齢者のような体力が弱いケースは、死のリスクを高めてしまいます。周囲に頼ることができない状況であれば、なおさら深刻です。認知症などの病気になったり、重度のうつ病になったりしても発見されにくく、病気を進行させてしまうのです。

　少し古いデータになりますが、2011年の内閣府の報告書において、セルフネグレクトの数は最大12,190人と推計されています。一人暮らしの高齢者は年々増加傾向にあるため、現在セルフネグレクトの数はこの推計をはるかに超えていることが予測されます。

　認知力の低下で支援を求めたくても求められない現状を除き、支援を拒否するのはセルフネグレクトの方だけではないようです。驚くべきことに、健康的な状態であってもそもそも「支援されたくない」という方が多いのも事実のようです。

　他人に助けを求めないのは、

　・人に頼って迷惑をかけたくない

　・人に頼ることに対してプライドが邪魔をする

　・荒廃した生活を他人に見られたくない

といった理由があげられます。

　明らかに健康状態に影響が出ている高齢者が「迷惑をかけたくない」「他人のお世話になりたくない」と極限ギリギリまで自力で頑張ろうとするのは、もしかすると日本人独特の「忍耐＝美徳」という精神性も関係しているのではないでしょうか。

5 高齢者の孤独死に見られる条件は「一人暮らし」

　ここでは、高齢者が孤独死に陥ってしまう条件をお話したいと思います。その条件とは、「一人暮らし」であることです。

　内閣府発表の令和3年版高齢社会白書のデータにおいて、以下の**図表1-13**を見ると、高齢者の一人暮らしは年々増加しています。また、**図表1-14**の「東京都23区内における一人暮らしで65歳以上の人の自宅での死亡者数」（令和4年版高齢社会白書）を見ると、一人暮らしの高齢者人数が増加するとともに、孤独死の件数も増えています。

（1）事故物件になりやすい家族構成

①　一人暮らし（家族が離れて暮らしているケース）

　この状況に置かれている方は多いと思われます。以前は家族みんなで生活していたものの、就職や結婚を機に子供が実家を出ていったような場合で、配偶者の死や離婚などで一人暮らしになっているパターンです。

　盆正月にはいつも顔をあわせていたものの、ある日突然亡くなってしまい、最近連絡が取れなくなったと家族が気付くケースや、近所の方が異変に気付いたものの発見が遅れてしまったというケースです。高齢で一人暮らしに不安を感じさせる方の場合は周りも神経を尖らせ、見守り対策を考えることがありますが、比較的若く、普段から健康で元気な方が浴室やトイレなどで突然死した場合、発見が遅れてしまう場合があります。

■図表 1-13　65 歳以上の者のいる世帯数及び構成割合（世帯構造別）と全世帯に占める 65 歳以上の者がいる世帯の割合

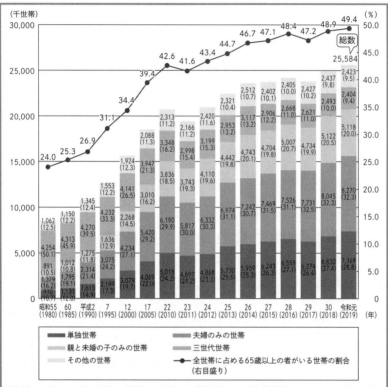

資料：昭和60年以前の数値は厚生省「厚生行政基礎調査」、昭和61年以降の数値は厚生労働省「国民生活基礎調査」による。
（注1）平成 7 年の数値は兵庫県を除いたもの、平成23年の数値は岩手県、宮城県及び福島県を除いたもの、平成24年の数値は福島県を除いたもの、平成28年の数値は熊本県を除いたものである。
（注2）（　）内の数字は、65歳以上の者のいる世帯総数に占める割合（％）
（注3）四捨五入のため合計は必ずしも一致しない。

（内閣府「令和 3 年版高齢社会白書」）

■図表1-14　東京23区における一人暮らしで65歳以上の人の自宅での死亡者数

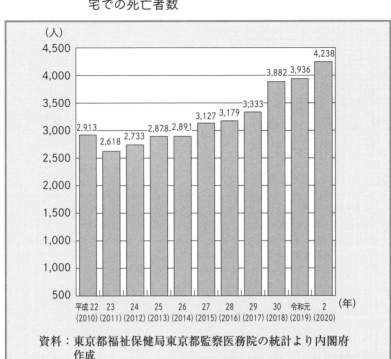

（内閣府「令和4年版高齢社会白書」）

②　子供がいない

相談を受ける方の多くが、故人の兄弟、甥や姪といったケースです。このような親族関係の場合、親子関係に比べ心の距離や物理的な接点が少ない場合が多いのでしょう。単純に未婚であった場合や子宝に恵まれなかったという場合もありますが、以前故人の兄から相談を受けたケースでは、妻と2人の娘がいて、円満な家庭であったにもかかわらず、病気と交通事故で3人を亡くし、長い一人暮らしの末、孤独死であったというとても気の毒な話がありました。

一方で、「支援を望まない」、「地域と積極的に接点を持ちたくない」と考える単身者がいることも事実です。このことがますます孤立化と孤独死を増やしていると考えます。

　「平成 22 年度内閣府経済社会総合研究所委託事業「セルフネグレクト状態にある高齢者に関する調査─幸福度の視点から報告書」では、**図表 1-15** の調査のように、セルフネグレクトの報告のあった事例の家族形態のほとんどが「本人のみの独居」ということがわかっています。

■図 1-15　家族形態

家族形態

　報告のあった事例の家族形態を見ると、「本人のみの独居」が地域包括支援センターで68.7％、民生委員で69％と7割近くを占め、次いで、「本人とこども」（地域包括支援センター11.4％、民生委員10.7％）、「高齢者の夫婦のみ」（地域包括支援センター8.5％、民生委員8.4％）となっている。この上位三者が地域包括支援センター88.8％、民生委員では87.6％と9割近くを占めている。

	0	20	40	60	80	100
地域包括支援センター《N＝2,638》						
民　生　委　員《N＝4,423》						

☐ 本人のみの独居　　☐ 本人と子ども　　☐ 高齢者の夫婦のみ　　☐ 本人と子ども夫婦　　☐ 本人と兄弟姉妹
☐ 本人と高齢者ではない配偶者のみ　　☐ その他　　☐ 分からない　　☐ 無回答

（内閣府経済社会研究所「セルフネグレクト状態にある高齢者に関する調査
─幸福度の視点から　報告書」）

（2）セルフネグレクトの原因

　それでは、高齢者の一人暮らしを前提としたうえで、その他にはどのような原因があるか見てみましょう。

①　体力の衰え

　ゴミ屋敷になることを好んでいないのにもかかわらず、年齢を重ねるとどうしても体力が衰えてしまい、片付けることができなくなってしまうことも大きな要因です。体力の低下や意欲

の低下を放置すると、社会的・身体的・精神的に健康な状態を保てずに、「フレイル[3]」なども進行します。

　コロナ禍で感染拡大防止のためにデイサービスなどの施設利用を控えた人も多く、自宅にこもりがちな高齢者は増えたでしょう。したがって、足腰、脳の機能、心身が弱り、介護度が悪化している現状もあるようです。

②　周囲の知り合いに相談できない

　先述したように、身内以外に頼れる人がいればよいですが、少子化や核家族化により誰かに頼りたくても頼れなくなっている状況が深刻化しています。日本人は良い意味で「人に迷惑をかけたくない」という意識が強く、「介護で子供に迷惑をかけたくない」とぎりぎりまで耐えてしまうという国民性もあるのです。

　頼れる家族がいないだけでなく、高齢になるにつれてコミュニティが狭くなり、社会との関わりが薄れてしまいがちなのも問題です。近年、単身高齢者世帯を支える地域コミュニティが追いついていないこともあり、地域や他人と交流を持たない高齢者が多く存在します。また、高齢者は、そもそも自分から新しいコミュニティに入っていこうという前向きな姿勢を持ちにくいとも言えます。

　セルフネグレクトに陥っている高齢者の近所の関係は、「一切付き合いがない」ことがほとんどと言われています。自力でのゴミ処分が難しくなった場合であっても、近隣住民に相談できる状況であれば、解決することも可能です。しかし、周囲の助けを求められない→一度ゴミ屋敷化してしまう→「周囲から

3　日本老年医学会が 2014 年に提唱した概念で、「Frailty (虚弱)」の日本語訳。健康な状態と要介護状態の中間に位置し、身体的機能や認知機能の低下が見られる状態のことを指す。

嫌われてしまうのではないか」と余計に相談しづらくなる→ゴミ屋敷が悪化する……このような悪循環を招いてしまいます。

　内閣府が発表した高齢者の社会的孤立の状況によれば、「頼れる人がいない」と答えた「一人暮らし世帯」は、「全体」に比べ約4倍高いとされています。

　高齢者が介護を受けるきっかけとなる病気のトップは、認知症といわれています。コミュニケーションをとる機会が少ない高齢者は脳への刺激が減少し、認知症がどんどん進行してしまうおそれがあります。認知症を患ったり心理的な問題を抱えたりすることで、判断力が低下し、金銭管理や服薬管理ができないなどの、生活に必要な行動が取れなくなることでセルフネグレクトに陥りやすくなるのは明確です。

　内閣府の委託調査「日常生活自立度」を見ると、セルフネグレクト状態の高齢者の過半数が認知症を有していることもわかっています。

③　精神的なショック

　精神的なショックもセルフネグレクトと関連があるようです。平成22年度内閣府経済社会総合研究所委託事業「セルフネグレクト状態にある高齢者に関する調査―幸福度の視点から報告書」では、セルフネグレクト状態になったきっかけについて、「覚えていない」や「きっかけはない」が多いものの、「疾病・入院」、「家族関係のトラブル」、「身内の死去」など何らかの生活の変化が契機となっていることがわかります。

④　経済的貧困

　一人暮らしの高齢者の中には、ぎりぎりの生活費で命をつないでいる人も少なくありません。老後2,000万円問題によって注目を集めた社会問題の一つが、「高齢者の貧困」です。

2000 年に約 308 万世帯だった単身の高齢者世帯数は、2019 年には 736 万世帯に急増し、2040 年には 896 万世帯になると見込まれています。

（ⅰ）　高齢者の場合の経済的貧困の具体例
・蓄えがなく支給される年金だけでは足りない
・認知症などの影響でお金の管理ができない

（ⅱ）　経済的貧困の影響
・栄養バランスの良い食事が摂れない
・病院で満足な治療が受けられない（国民健康保険等に未加入の場合、治療費が全額自費となり、治療がより難しい状態に）
・介護が必要となった場合などでも有料の老人ホームに入れない（公共の特別養護老人ホームであれば費用は抑えられるが、希望者が多いためなかなか入居することができない）

　これらの理由によって、さらに体調が悪くなって、日常生活も困難になり、セルフネグレクト状態に陥りやすくなります。最悪の場合、孤独死に至ってしまうのです。
　また、一人暮らしの高齢者が財産管理を自身で行うケースが多いというデータも見逃せません。

　「平成 22 年度内閣府経済社会総合研究所委託事業『セルフネグレクト状態にある高齢者に関する調査―幸福度の視点から 報告書』」において、センター職員または委員・支援員に対し行った事前調査で、「調査対象者の財産管理について」尋ねたところ（**図表 1-16**）、財産管理をしている人の約半数が「本人」（54.3％）であり、次に「家族・親族」（26.1％）、「行政」（9.4％）と続いています。「成年後見人・保佐人・補助人」はわずか 5.8％でした。

■図表 1-16　経済状態

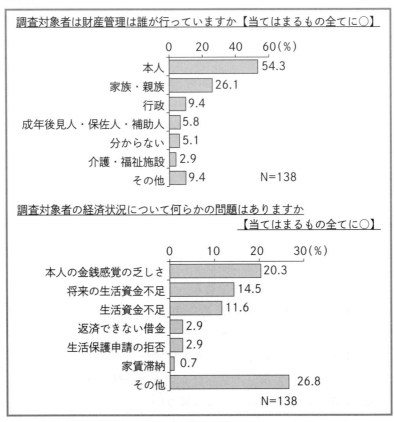

（内閣府経済社会研究所「セルフネグレクト状態にある高齢者に関する調査
―幸福度の視点から 報告書」））

　「調査対象者の経済状況について何らかの問題はありますか」
という質問に対しては、「本人の金銭感覚の乏しさ」（20.3％）、
「将来の生活資金不足」（14.5％）や「生活資金不足」（11.6％）
等が続いています。この結果は高齢者の経済的なリスクにつなが
り、貧困の引き金になる可能性もあるのではないでしょうか。ま
た、数件ずつ回答のあった、「本人に管理能力、判断能力がな
い」、「支払いの手続きができない」、「お金を盗まれると思いしま

い込み、かえって所在がわからなくなる」、「本人の浪費癖」など
は、認知症の症状と関係があるようです。

⑤ 生きる気力の欠如

上記にあげた①〜④は、「生きる気力の欠如」にもつなが
り、セルフネグレクトの理由にもなり得ます。公益財団法人長
寿科学振興財団は健康長寿ネットには、「社会的に孤立しやす
い高齢者は、生きがいを感じていない人の割合が高くなってい
る」というデータもあります。やはり、一人暮らしの世帯では
割合が顕著で、特に男性のほうが深刻になっているようです。

6 高齢者の貧困・老後破産問題

　セルフネグレクトには様々な要因が関連していますが、その中でも「貧困」の問題が表面化しており、「老後破産」が叫ばれています。金銭の側面から高齢者の金銭事情について見てみます。

（1）生活保護の受給率から見る高齢者の貧困

　厚生労働省の「被保護者調査（2019年度確定値）」によると、生活保護を受けている人のうち55.1％が高齢者世帯であり、その数はおよそ89万世帯であるということがわかっています。2000年には約33万世帯だったのが、2015年に80万世帯を突破していることから、わずか4年でさらに9万世帯ほどが貧困に陥ったことが判明しました。

　「令和2年版高齢社会白書」によると、高齢者世帯の所得階層別分布は150万円から200万円未満が最も多く、年収150万円以下に絞ると23.5％もいると言われており、生活保護を受けていなくとも、このような高齢者は貧困に陥っていると言えるでしょう。

　図表1-17の「世代・世帯類型別相対的貧困率」のデータを見てみると、高齢世代の単身世帯は著しく貧困率が高く、特に女性の貧困率が高いということがわかります。

（2）老後破産

　2014年9月28日にNHKスペシャル『老人漂流社会〜"老後破産"の現実〜』が放映されました。このドキュメンタリー番組では、放映された時点で、一人暮らしの高齢者が600万人に迫る勢いで急増し、半数近くである300万人が生活保護水準以

■図表 1-17　世代・世帯類型別相対的貧困率（平成 19 年、22 年）

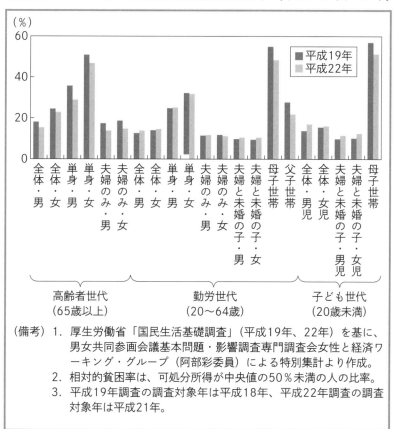

（備考）1. 厚生労働省「国民生活基礎調査」（平成19年、22年）を基に、
　　　　　　男女共同参画会議基本問題・影響調査専門調査会女性と経済ワ
　　　　　　ーキング・グループ（阿部彩委員）による特別集計より作成。
　　　　 2. 相対的貧困率は、可処分所得が中央値の50％未満の人の比率。
　　　　 3. 平成19年調査の調査対象年は平成18年、平成22年調査の調査
　　　　　　対象年は平成21年。

（内閣府「令和 2 年版高齢社会白書」）

下の年金収入で暮らし、「お金がなくて病院に行けない……」と
言って医療や介護などのサービスを切り詰めて暮らす高齢者の事
例が取り上げられました。食費や光熱費を切り詰めても余裕がな
く、医療や介護といった「命に関わる費用」を節約しながら生活
し、「貧しい暮らしを知られたくない」と周囲に助けを求めずに
孤立する高齢者。支援が行き届きにくくなっている実態があらわ
になりました。その後「老後破産問題」は現状どのように進んで

いるのでしょうか。

　日本弁護士連合会および消費者問題対策委員会が発表する「2020年破産事件及び個人再生事件記録調査」によると、60歳以上の自己破産者の割合は増加傾向にあるといいます。2020年の調査では25％超が60歳以上という結果になり、特に、70歳以上の割合は1997年の調査以降最大でおよそ10％となっています。

　定年前から老後に備えている方や退職金がある方でも、老後破産に陥る可能性もあるのです。老後破産に陥る要因として、次のようなものがあげられます。

　　・所得に合わせた生活ができていない
　　・ローンを抱えている
　　・貯蓄が十分ではない
　　・大きな病気をした

　特に、現役時代に大病を患い収入が下がった方や、老後に病気にかかり医療費がかさんだことがきっかけで設計に狂いが生じ、結果的に老後破産に陥るパターンが最も多いようです。

（3）老後2,000万円問題

　老後2,000万円問題とは、金融庁の金融審議会「市場ワーキング・グループ」による「老後20～30年間で約1,300万円～2,000万円が不足する」という試算を発端に物議を醸した、「いかに老後の資金を形成するか」をめぐる問題のことです。テレビニュースでもひっきりなしに取り上げられ一時期話題になりました。

　「2,000万円」という金額はあくまでもモデルケースでの老後資金の不足額であり、人によって実際の不足額は異なりますが、「2,000万円」という金額は、夫65歳以上、妻60歳以上の夫婦

のみの無職世帯では毎月約 5.5 万円の不足が生じるため、20～30 年間の不足額が約 1,320～1,980 万円に上るという試算に基づいています。

　現代は、**図表 1-18** のグラフにあるように、平均寿命が延びて「人生 100 年時代」とも形容される超高齢社会への突入がほぼ確定しています。

　そんな中、サラリーマンで勤務している方には厳しい現状が突きつけられています。

- ・退職給付額（退職金）は減少傾向
- ・1992 年度には企業の 92％に存在した退職給付制度が 2017 年には 80.5％の企業にしか存在しない
- ・退職給付制度が存在する企業であっても、給付金額が減少傾向にある

　近年働き方の多様化によりフリーランス（自営業・個人事業主）が増えていることもあり、退職給付額が少なかったり受け取

■図表 1-18　平均寿命の推移と将来推計

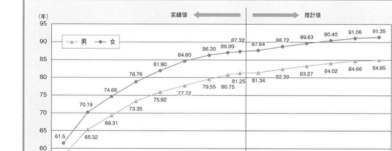

資料：1950 年は厚生労働省「簡易生命表」、1960 年から 2015 年までは厚生労働省「完全生命表」、2018 年は厚生労働省「簡易生命表」、2020 年以降は、国立社会保障・人口問題研究所「日本の将来推計人口（平成 29 年推計）」の出生中位・死亡中位仮定による推計結果
（注）1970 年以前は沖縄県を除く値である。0 歳の平均余命が「平均寿命」である。

（内閣府「令和 2 年版高齢社会白書」）

れなかったりするケースもあり得ます。

　実はこの「2,000万円」には、介護費用は含まれていないといわれています。日本には公的な介護保険制度があるものの、保険料は今後も値上げが続くと予想される一方で、介護の質を維持するのは困難と考えられています。

7　孤独死は高齢者以外にも起こり得る

（1）孤独死者のうち高齢者に到達しない年齢で亡くなっている人の割合はおよそ半数

　一般社団法人日本少額短期保険協会孤独死対策委員会が 2022年 11 月に発表した「第 7 回 孤独死現状レポート」では、孤独死者のうち「高齢者に到達しない年齢で亡くなっている人の割合はおよそ半数にのぼっている」という結果が出ています。

■図表 1-19　死亡年齢の構成比

（一般社団法人日本少額短期保険協会「第 7 回 孤独死現状レポート」）

　原因として最も多いのは「病死」で、次に「自殺」が続きます。

■図表 1-20　死因別人数と男女別死因の構成割合

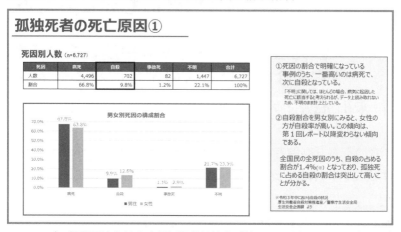

（一般社団法人日本少額短期保険協会「第7回 孤独死現状レポート」）

■図表 1-21　孤独死者の死亡原因

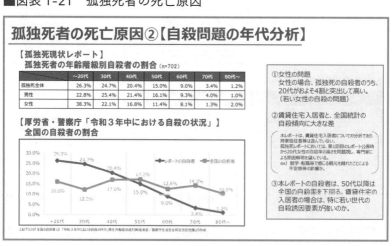

（一般社団法人日本少額短期保険協会「第7回 孤独死現状レポート」）

　病死の詳しい年齢層はこのレポートではわかりませんが、若年層の孤独死は高齢者の孤独死に比べ、「自殺による」ものが多いということが**図表 1-21** のグラフからわかります。

　これまでの公式な「孤独死」データは、東京都監察医務院によるもののみで、特別区（東京 23 区）に限られていました。しかし、2020 年 2 月 7 日朝日新聞配信によるニュースによれば、初めて大阪府警が 2019 年 1 年間の孤独死データを公表し、その合計が府内で 2,996 件であったといいます。そのうち 65 歳以上の高齢者が 71％を占めていましたが、一方で 40〜50 代が 18.4％いました。

　大阪府警が、事件性がなく屋内で死亡し、死後 2 日以上経過して見つかった独居者（自殺含む）2,996 人について調べたところ、死後 1 か月以上経って見つかった遺体は 382 体でした。そのうち男性は 321 人で、女性の 61 人に比べ 5 倍以上でした。年代別にみると、70 代男性が全体の 26.4％となる 792 人で、世代別では最多。一方で、65 歳未満は 29％（868 人）、「働き盛り層」とされる 40 代が 159 人、50 代が 392 人と合わせて全体の 18.4％にのぼっています。40 代はバブル崩壊後の就職氷河期の影響で非正規雇用を余儀なくされる人も多く、また 50 代がリストラ対象となっているケースもあることから、こうした雇用の不安定さが影を落としています。

　高齢者の孤独死と、高齢者以外の孤独死は原因が異なることから、同じ条件で比較するのは難しいのですが、「病死」ももちろん一定数含まれていることが考えられます。

　一人暮らしの場合、生活習慣が乱れ、食生活にも気を配らない方も多くなりがちです。過度のストレス、過食、偏食、運動不足、喫煙などの不健康な生活習慣の積み重ねが原因となり、近年、増えているのが生活習慣病の一つである「虚血性心疾患」です。動脈硬化や血栓などで心臓の筋肉に必要な酸素や栄養が行き

渡りにくくなり、急に激しい運動で強いストレスがかかると、心臓の筋肉が一時的に血液（酸素、栄養）不足となります。主に全胸部、ときに左腕や背中に痛みや圧迫感が生じます。中高年になれば、糖尿病や精神疾患などすでに発症している場合はもちろんのこと、突然死の原因がひそんでいるかもしれません。

　2016年10月25日発売の週刊SPA！に掲載された特集『[40歳独身] の危機』では、特殊清掃人の石見氏が、「孤独死＝独居老人のイメージは、間違い。実は40〜50代の独身中年にこそ多い。糖尿病など病気による離職や休職、リストラをきっかけに、唯一の社会との接点だった会社での人間関係が断たれ、孤独死へと向かうのです」と述べています。

　実際に当社が相談を受けたケースでは、母親と40代前半の娘の2人暮らしであったものの、母親が病気で亡くなり、その後1年程して娘も亡くなり、1年半ほど経った後、白骨化した状態で発見されたという事案がありました。時間が経ちすぎて死因までは特定されませんでしたが、室内の状況や書類などから、娘が離職し、貧困状態に陥って餓死に近い状態で亡くなったと推測できるような状況でした。

（2）若年層・中高年のセルフネグレクト

　セルフネグレクトになるのは、一人暮らしの高齢者というイメージを持っている方もいるでしょう。しかし、高齢者だけでなく若年層や中高年にもセルフネグレクトは広がっているようです。若年層の場合は、高齢者の場合と似ているようで少し異なります。

　原因として、以下の3つがあげられます。

①　核家族化

　昔は大家族の中で対人関係を学ぶことができましたが、核家族化が進み、一般社会の中で突然、対人関係を学ぶことになり挫折してしまうことも一因となっているようです。自己評価が低くなり、セルフネグレクトにつながっているのではないかと考えられています。

②　貧　困

　現代では非正規雇用の割合も多く、低賃金で働いている若者も多くいます。貧困により未来に希望を持てずに行き詰まることもあるでしょう。どうでもよくなってしまい、セルフネグレクトを発症することもあるようです。

③　インターネット

　私たちの生活は、もはやインターネット抜きにしては考えられなくなりました。コロナ禍は外出自粛の影響で、買い物もインターネットで済ませ、一人暮らしの方の中には、「1 日誰とも会わなかった」という人も相当数いたでしょう。人によっては仕事がリモートワークになったり、大学の授業がリモートで行われたりと、実際の対人の機会が減った方もいるでしょう。このようなライフスタイルの変化は、社会と断絶している状態を助長してします。社会とのつながりを持てないことがきっかけとなり、そのままセルフネグレクトに移行してしまうこともあると言われています。

　一般社団法人日本少額短期保険協会の『孤独死現状レポート』を見ると、孤独死者の死亡原因のうち、年齢層が低いほど自殺者の割合が高くなっています（**図表 1-21**）。2021 年 6 月時点の報告によると、20 代までの孤独死者における自殺者の

割合は 26.5％にも達しています。孤独死人数は高齢者よりも少ないものの、若年層は自傷傾向が強い点が、高齢者のセルフネグレクトと異なります。

高齢者のセルフネグレクトと比べてみると、「インターネット」は若年層独特の原因になるかもしれません。内閣府の委託調査を見ると、平成 23（2011）年 3 月の段階で、セルフネグレクト状態の高齢者は全国に 9,381 〜 12,190 人（平均値 10,785 人）いることが推計されています。ただし、この調査はあくまでも高齢者を対象としており、若者のセルフネグレクトについては、詳細が明らかになっていないのが現状です。

それでは中高年はどうでしょう。大阪府警が発表した興味深いデータがあります。大阪府警は、2019 年の 1 年間に事件性がなく屋内で死亡し、死後 1 か月以上経過して見つかった遺体 382 体を調査しました。そのうち 321 人は男性で、女性の 61 人に比べて 5 倍以上でした。「働き盛り層」とされる 40 〜 50 代は全体の 18.4％にものぼっていると朝日新聞などが報じました。

65 歳以上であれば介護保険制度があるため、地域包括支援センターの方や民生委員の方が訪問し、その中で何らかの兆候が見られた場合は、介護サービスにつながるでしょう。一方で、65 歳以下は、行政のサポートを受けられないため、異変に気付く人も少なくなりがちで、発見されにくいのです。

8　今後孤独死はますます増える

　セルフネグレクトの観点から「死の現状」を見てきましたが、今後このような問題は高齢化率や生涯未婚率の影響で、現状維持か、もしくは悪化することが懸念されます。それぞれの課題を見てみます。

（1）高齢化率の上昇

　改めて説明するまでもありませんが、日本は高齢化が止まらず、昨今では「超高齢社会」が叫ばれています。超高齢社会とは、65歳以上の人口の割合が全人口の21％以上を占めている社会を指します。

　高齢化率が高い国としては、スウェーデン、ドイツ、フランス、イギリス、アメリカ合衆国などがあげられますが、これらのどの国よりも、日本の高齢化率は高く、世界に先駆け、超高齢社会に向かっていると言われています。**図表 1-22** のグラフを見てみると、2042年まで高齢者の人口は増え続け、その後は減少に転じると推測されます。

　高齢者の人数が増加するにつれて孤独死の件数も増えるというデータがあります。この流れは対策なしに放っておいたら、食い止めることは難しいでしょう。

（2）生涯未婚率の上昇

　内閣府が発表している「男女共同参画白書 平成25年版」によれば、生涯未婚率は上昇の一途をたどっています。このことは、一人暮らしの高齢者の増加を後押しする可能性が大いにあるでしょう。生涯で一度も結婚したことのない方は、未婚の高齢者

になりやすく、兄弟姉妹などと同居しない限り単身世帯になるからです。

■図表 1-22　高齢化の推移と将来推計

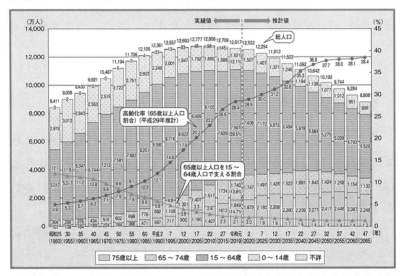

（内閣府「令和 4 年版高齢社会白書」）

■図表 1-23　生涯未婚率の推移

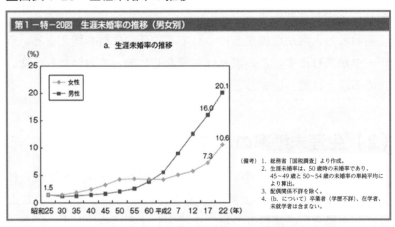

（男女共同参画局「男女共同参画白書　平成 25 年版」）

　国立社会保障・人口問題研究所が公表した直近の将来推計によると、2025年の単身世帯（一人暮らし）は、2015年より8.4%増えて1,996万世帯になると予想されています。総人口に占める一人暮らしの割合は16%となり、2015年の「7人に1人が一人暮らし（14%）」という状況が、「6人に1人強が一人暮らし」に変わります。

　男性の未婚率は、2015年は24.2%、2025年は27.4%、女性はそれぞれ14.9%、18.9%。高齢者に限ると、65歳以上の男性の未婚率は、2015年には5.9%であったのが、2025年には9.0%になると推計されています。

　2025年には今よりも80歳以上を中心に、高齢者の単身世帯が増えていきます。未婚の高齢単身者は、配偶者だけでなく子どももいないため老後を家族に頼ることができません。

■図表1-24　世帯構成の推移と見通し

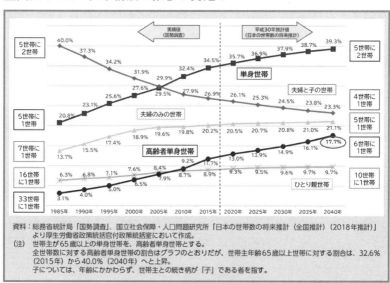

（内閣府「令和4年版高齢社会白書」）

9 不動産業界は高齢社会や孤独死にどう立ち向かうべきかが問われている

　これまで、事故物件と死の関係性、セルフネグレクト、核家族化や未婚による社会とのつながりの減少などについて触れてきましたが、事故物件の最も根本的な原因になっているのは、「孤立化」だと感じています。

　最近では、「無縁仏」といわれる、死後お葬式をあげてくれたり、供養してくれたりする人のいない方が増えています。日本経済新聞によると、2018年度に全国20か所の政令指定都市が引き受けた無縁仏の数は8,000柱を超えたとしており、その件数は5年前と比較して1.4倍にも増加しているというデータもあるくらいです。

　死に関する課題が山積みの日本。人の住まいである家や賃貸物件にも大きな時代の変化が来ています。このような社会的背景を踏まえたうえで、今回の制定された「宅地建物取引業者による人の死の告知に関するガイドライン」の内容を次章で解説していきます。

第2章

『宅地建物取引業者による人の死の告知に関するガイドライン』について

1 『宅地建物取引業者による人の死の告知に関するガイドライン』の制定

　令和3（2021）年10月、『宅地建物取引業者による人の死の告知に関するガイドライン』（以下、「ガイドライン」という）が制定されました。これは、不動産取引において、過去に人の死が生じた場合の宅地建物取引業者が果たすべき義務について、トラブルの未然防止の観点から、現時点において妥当と考えられる一般的な基準をとりまとめたものです。

■図表2-1　プレスリリース

（国土交通省HP）

国土交通省の HP には下記のような経緯が掲載されています。

○　不動産取引にあたって、取引の対象不動産において過去に生じた人の死に関する事案について、宅地建物取引業者による適切な調査や告知に係る判断基準がなく、取引現場の判断が難しいことで、円滑な流通や、安心できる取引が阻害されているとの指摘があります。

○　国土交通省では、宅地建物取引業者が宅地建物取引業法上負うべき義務の解釈について、2020 年 2 月より「不動産取引における心理的瑕疵に関する検討会」において検討を進め、同検討会での議論や、同年 5 月から 6 月に実施したパブリックコメントを踏まえ、標記ガイドラインをとりまとめました。

　巻末にガイドラインの全文を掲載していますので、参考にしてください。

　まずは、概要を詳しく解説します。

（1）　ガイドライン制定の背景にあった 2 つの問題

　ガイドライン制定の背景には、主に 2 つの問題がありました。

　1 つ目は、不動産取引にあたって、取引対象の不動産で生じた人の死について、適切な告知に関わる判断基準がなく、円滑な流通と安心できる取引の弊害が起こっていたことです。

　そして 2 つ目は、単身の高齢者の住宅確保への影響です。

■図表 2-2　2 つの問題

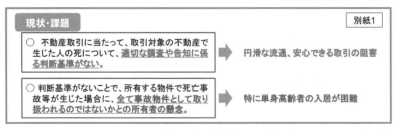

①　不動産オーナー、不動産仲介業者としての問題点

　告知が必要であることは理解しているものの、「何を」「どの程度」告知すれば良いかの基準が存在していませんでした。例えて言うならば、制限速度は守るべきだと思っているが制限速度が決まっていないようなものです。また、不動産オーナーや不動産仲介業者の立場としては、告知することで「取引がしづらい」「価格が下がってしまう」「まわりの人に知られたくない」といったマイナスを懸念することで、可能であれば告知は控えたいという心理が働きます。結果として不動産仲介業者独自の基準や感覚で告知されており、以下のような問題が起こっていました。

（ⅰ）　同じような死因でも告知される場合とされない場合

　都内のあるマンションの一室において、「3 年前に 70 代の男性が浴室で倒れ、救急搬送されたものの、翌日病院で亡くなった」という不動産が売りに出されていました。この時は不動産の販売図面に「告知事項あり」と記載されていました。一方で、同じく都内の別のマンションの一室において、「5 年前に 60 代の男性が浴室で倒れ、救急搬送されたものの病院で死亡が確認された」という不動産が告知のない状況で販売されていました。これら 2 つの事例を比べるといかがでしょうか。

　この事例には、「死因」「発生からの年数」「死亡の場所」の

３つの要因が存在します。「死因」は両事例とも心筋梗塞でした。浴室や洗面室は心筋梗塞が発生しやすい場所の一つですが、これが仮に浴室で転倒して頭を強打して亡くなった場合はどうなのか、仮に浴室でリストカットや服毒などによって自殺をはかった場合はどうなのか。どの死因であれば告知すべきなのか、判断が分かれるところです。

　次に「発生からの年数」です。今回の事例では３年前は告知され、５年前は告知されていません。これは想像ですが、仮に先ほどの３年前の不動産を扱った関係者がさらに２年後に５年前の出来事として販売する際にも、きちんと「告知事項あり」と告知するのではないでしょうか。では10年前の出来事であればどうか、20年前はどうか。ここも同じく判断は分かれるところではないでしょうか。

　最後に「死亡場所」ですが、孤独死などのように室内において明らかに死亡が確認できる場合もあれば、この事例のように室内なのか、救急搬送中なのか病院なのかが不明確な場合がありますし、そもそもどの場所で息を引き取ったケースを告知するのかの判断が分かれます。今回の事例のように、翌日に病院で死亡したケースでも告知される場合もあります。救急搬送中や入院中に意識があったかどうかによっても受ける印象が変わり、告知の有無に判断が分かれる場合があります。

（ⅱ）　入居者が入れ替わると告知は不要説

　筆者が成仏不動産サービスを始めてから一番多く耳にする言葉に、「事故物件は人が入れ替われば告知が不要になる」というものがあります。不動産業に携わっていない人達だけでなく、数多くの不動産業者からも同様の話を聞くことがあります。時にはそれを正しい情報として説明される場面もありました。実際に、事故物件を題材にした映画の最後の場面で同様の説明書きを目にしたことがあります。この本を手にしている読

者の中でも同様の認識をされている方は多いのではないでしょうか。

　しかし、実際にはガイドライン制定前からそのようなルールは存在しません。過去の判例を拡大解釈したことがきっかけで広まったのではないかと想像しています。感覚的には出会う人の大半の方からこの話題が出ますので、想像以上に根付いていると思われますが、この解釈はとても危険です。入居者が入れ替わるだけで告知不要になるのであれば、一定期間関係者に住まわせたり、定期借家契約を利用して短期間で入居者を入れ替えたりすることで事故がなかったことになります。

　実態は把握できていませんが、数多くの不動産業者自体がこの説を信じている時点で、相当数の不動産が告知されずに流通している可能性があります。

②　単身高齢者の住宅確保への影響

　2025 年には単身の高齢者が 700 万人を超えると発表されている中で、住宅確保要配慮者と呼ばれる高齢者の入居問題の解決は重要な課題となっています。

　告知の基準だけで変わるわけではありませんが、自宅での自然死や孤独死がすべて事故物件扱いにされてしまう場合、不動産オーナーの立場としては高齢者への貸し出しリスクが高まります。

■図表 2-3　高齢者の入居に対する賃貸人の入居制限の状況

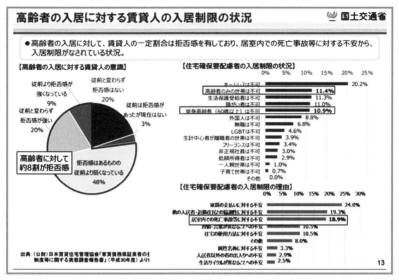

（国土交通省「（資料 3）不動産取引を巡る社会情勢」）

　総務省統計局による「平成 30 年住宅・土地統計調査」では、高齢者で一人暮らしの世帯の賃貸物件利用率は 33.5% となっており、利用率は高いため高齢者でも賃貸物件が借りられることがわかります。一方で、高齢者が賃貸物件に住みたいと思っても、なかなか物件を借りられないケースも存在します。

　（公財）日本賃貸住宅管理協会「家賃債務保証業の制度等に関する実態調査報告書」（平成 30 年）によると、「高齢者の入居に対する賃貸人の意識」に対して、8 割が「拒否感がある」と答えています（**図表 2-3**）。

　平成 28（2016）年 10 月に日本賃貸住宅管理協会が行った「家賃債務保証の現状」の調査において、民間会社の家賃債務保証の審査状況を見ると、年齢別では、高齢者が通りにくいということがわかりました（**図表 2-4**）。

■図表 2-4　家賃債務保証会社の審査状況

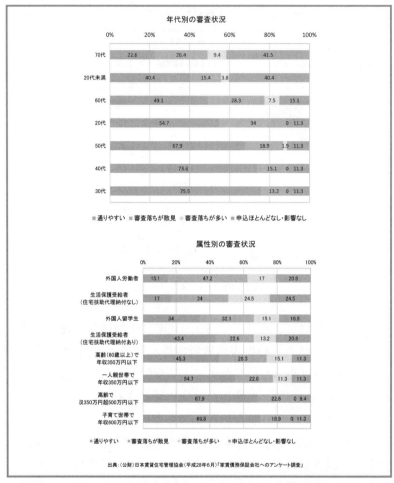

年代別の審査状況

	通りやすい	審査落ちが散見	審査落ちが多い	申込ほとんどなし・影響なし
70代	22.6	26.4	9.4	41.5
20代未満	40.4	15.4	3.8	40.4
60代	49.1	28.3	7.5	15.1
20代	54.7	34	0	11.3
50代	67.9	18.9	1.9	11.3
40代	73.6	15.1	0	11.3
30代	75.5	13.2	0	11.3

属性別の審査状況

	通りやすい	審査落ちが散見	審査落ちが多い	申込ほとんどなし・影響なし
外国人労働者	15.1	47.2	17	20.8
生活保護受給者（住宅扶助代理納付なし）	17	34	24.5	24.5
外国人留学生	34	32.1	15.1	18.9
生活保護受給者（住宅扶助代理納付あり）	43.4	22.6	13.2	20.8
高齢（60歳以上）で年収350万円以下	45.3	28.3	15.1	11.3
一人親世帯で年収350万円以下	54.7	22.6	11.3	11.3
高齢で収350万円超500万円以下	67.9	22.6	0	9.4
子育て世帯で年収600万円以下	69.8	18.9	0	11.3

出典：(公財)日本賃貸住宅管理協会（平成28年6月）「家賃債務保証会社へのアンケート調査」

（平成 28 年 10 月国土交通省住宅局「家賃債務保証の現状」）

　特に、70歳以上の入居希望者の場合に審査が厳しくなってしまう傾向が見られます。高齢者の場合は、すでに仕事を退職している方が多いことから、収入源を年金だけに頼っている場合も少なくありません。そのため、貸主の将来的な家賃の支払いに対する不安から、入居制限を設けてしまう場合があるのでしょう。

　その他には、「老後資金に余裕がない人もいるため、家賃を滞納されてしまうのではないか」「高齢者の場合は家賃を滞納されると、回収するのが難しそう」などの理由もあるようです。

　ところが、別の調査を見てみると、審査に通りにくい一番の理由は、「孤独死」への懸念であることがわかります。

　2018年12月、全国宅地建物取引業協会連合会が会員に対して行った高齢者への賃貸住宅の斡旋に関する調査で、以下の結果が出ました（**図表 2-5**）。

　・高齢者への斡旋を「積極的に行っている」　7.6%

　・「諸条件により判断している」　56.1%

　・「消極的」　11.5%

　・「行っていない」　24.8%

「積極的に行っている」と回答したのはわずか7.6%と低い数値であっただけでなく、高齢者の入居に対して前向きでない回答が大半を占めました。また、「高齢者に斡旋しない理由」については、

　・「大家の理解が得られないから（得られていないから）」
　　51.5%

　・「自社にとっての手間暇がかかるから」　9.1%

　・「自社にとってのリスクがあるから」　15.9%

という結果となりました。

　「大家の理解が得られない理由」について、89.3%が「孤独死の恐れがあるから」と回答しているのです（**図表 2-6**）。

　また、「自社にとっての手間暇」についても、やはり「孤独死した場合の対応等」が87.8%となりました（**図表 2-7**）。

■図表2-5　高齢者の民間賃貸住宅への斡旋状況

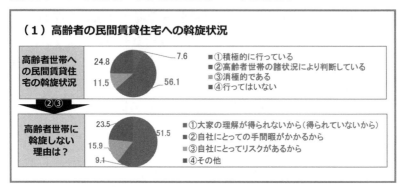

（（公社）全国宅地建物取引業協会連合会「住宅確保要配慮者への居住支援の取組みについて」）

■図表2-6　大家の理解が得られない理由

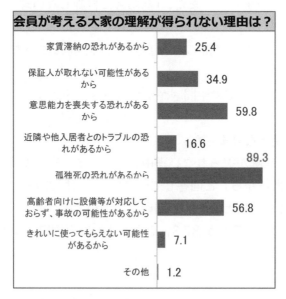

（（公社）全国宅地建物取引業協会連合会「住宅確保要配慮者への居住支援の取組みについて」）

■図表 2-7　不動産業者等の手間やリスク

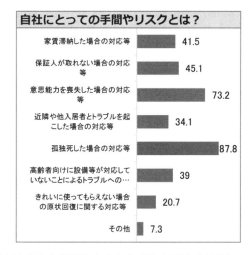

((公社) 全国宅地建物取引業協会連合会「住宅確保要配慮者への居住支援の取組みについて」)

■図表 2-8　年間の死亡者数の推移および将来推計

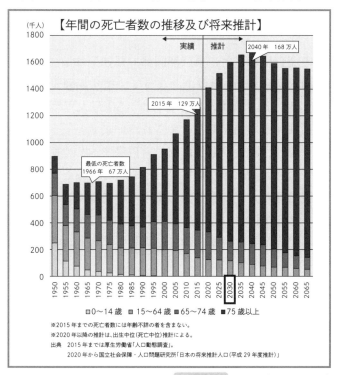

　　　（国土交通省）

■図表 2-9　死亡場所別に見た、死亡数・構成割合の推移

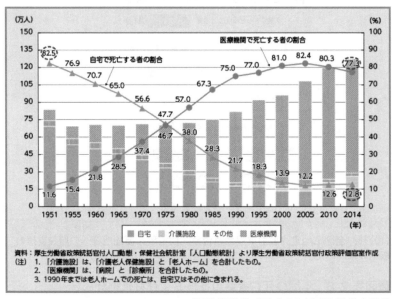

資料：厚生労働省政策統括官付人口動態・保健社会統計室「人口動態統計」より厚生労働省政策統括官付政策評価官室作成
(注)　1.「介護施設」は、「介護老人保健施設」と「老人ホーム」を合計したもの。
　　　2.「医療機関」は、「病院」と「診療所」を合計したもの。
　　　3. 1990年までは老人ホームでの死亡は、自宅又はその他に含まれる。

（厚生労働省「平成 28 年厚生労働白書」）

　国土交通省の調査によると、東京都区部で孤独死は増加傾向にあり、孤独死の約 7 割が 65 歳以上となっています。**図表 2-8** によると、2030 年以降は年間の死亡者数が 150 万人程度と見込まれており、孤独死も増加すると考えられています。

　近年、病院での死亡割合が減少に転じ、自宅を含めた病院以外での死亡割合が増加傾向にあります。自宅で亡くなると、貸す側にとって、事後処理が大変になってしまうだけでなく、物件の資産価値を低下させる要因にもなってしまいます。このことが、多くの不動産業者が高齢者に対する斡旋に対して消極的になる原因と言えるでしょう。

　65 歳からの部屋探しを支援する R65 不動産が、全国の 65 歳以上を対象に「孤独死に関する意識調査」を実施しました。その調査では、高齢期になると賃貸住宅への入居を断られる事例が多

くなるのは、主に次のような要因があるからだとわかりました。

（1）入居中に何かあったときに駆けつけて対応してくれる連帯
　　保証人や緊急連絡先が必要となる

（2）入居中に認知症などで判断力が低下したときにトラブルが
　　起こる可能性がある

（3）孤独死などが起こったとき、賃借権の解消や残置物の処理
　　に手間がかかり、次の入居に支障が出る

　（2）については、孤独死の問題とは比較になりませんが、認知症は医師でも判断に迷うことがあるため、管理会社や建物所有者がその判断をすることはより困難です。現在の賃貸借契約では認知症に関する記載はありません。このことを理由に退去を求めることはできないため、今後大きな問題となると予想されます。

　全国宅地建物取引業協会連合会の研究機関の不動産総合研究所が2018年に行った研究報告において、「高齢者が民間賃貸住宅に居住したことによって起こったトラブル」についてのアンケート結果には、下記のようなトラブル事例があるようです。

・例えば集合住宅では、火災の懸念から石油ストーブなどを使
　用禁止とする規約、契約が多いが、それを無視し、何度注意
　しても石油ストーブを使い続ける、歩行が不自由な高齢者が
　いる。

・冷暖房にはエアコン、調理器具にはIHを導入している物件
　で、万が一失火の場合には本人が一番危険なうえ、延焼の可
　能性があるにもかかわらず、聞き入れようとしない。廊下でお
　盆の迎え火を焚いて廊下を焦がした、ボヤを出されたという
　回答もあり、それ以上に広がっていたらと思うとぞっとする。

・臭いや音、建物・敷地内などでの放尿、脱糞のように同じ建

物に住みたくないような例もある。「排泄などが難しくなった高齢者の両隣からアンモニア臭がひどいと苦情が来た」「話し声が大きく、テレビも大音量のため、隣人すべてから苦情」「共用部で大小便をする」。生活時間帯が異なることもあって音問題はしばしば起こっており、中にはやむなく若い人が転居というケースも記載されていた。
・幻覚、被害妄想、徘徊などのトラブルもある。「ありもしない自室への他人の侵入を隣の入居者や管理会社、警察に訴える」「室内にあった所持品が家主の合鍵を利用して盗まれたと主張する」「徘徊して警察から連絡が来た」。

　認知症が進むと契約を結ぶなどの法律行為ができなくなるため、現状、法律行為である賃貸借契約の更新や解除もできません。賃貸借契約を締結・解除するには、「成年後見人[4]」の選任の申立てを行う必要があります。

（2）心理的瑕疵との関係

　「瑕疵」とは、傷や欠点のことで、法律用語としては「本来あるべき品質や状態が備わっていないこと」を意味します。
　瑕疵は、主に次の3つがあります。

・物理的な瑕疵
・法律的な瑕疵
・心理的な瑕疵

4　「成年後見制度」に基づき、認知症や知的障害などで判断能力が不十分な人の代わりに法定権利を担う人のこと。本人の代わりに、必要な契約の締結や、財産の管理をする。

　民法に定められている「契約不適合責任（瑕疵担保責任）」に「心理的な瑕疵」についての記載がありますが、ここでいう「心理的瑕疵」とは、「自殺や他殺、火災、孤独死などがあった」「近隣に嫌悪施設、迷惑施設などがある」「近隣に反社会的勢力の事務所が存在する、構成員が居住している」などがある場合を指します。

　住むにあたって精神的な負担になることを指し、売主から買主に事前告知をする義務があるものの、グレーゾーンとして告知されないことが多く、そのために裁判にまで発展するようなケースもありました。

　実際に裁判にまで発展したケースを見てみましょう。「瑕疵にあたると認められた事例」、「認められなかった事例」をあげます。

① 瑕疵にあたると認められた事例

事例①	平成 12 年 8 月 31 日 東京地方裁判所八王子支部
概要	売主：不動産業者 買主：個人 物件：農山村地帯の更地
事案	約 50 年前に本物件上の建物で凄惨な殺人事件が発生、その後建物は取り壊され 40 数年にわたり放置されていた。本件事件の存在を知った買主は、その事実を知っていた売主・仲介業者に対し、説明義務違反を理由として損害賠償を請求した。
判断	農山村地帯における本件事件は、約 50 年経過したとしても近隣住民の記憶に残っていると考えられ、買主が居住し近隣住民と付き合いを続けていくことを思えば、通常保有すべき性質を欠いている隠れたる瑕疵であるとし、売主らには当該瑕疵をつげなかった説明義務違反があることから、買主の請求につき、売主に対しては信頼利益の損害として売買代金を、仲介業者に対しては仲介報酬等を認めた。

（岡本正治・宇仁美咲『詳解不動産仲介契約』（大成出版社）434 頁）

② 瑕疵にあたるとは認められなかった事例

事例②	平成 19 年 7 月 5 日 東京地方裁判所
概要	売主：個人 買主：不動産業者 物件：建売分譲目的の更地
事案	本件土地は、売買より 8 年 7 か月前、本物件上の共同住宅の一室で焼身自殺事故があり、以後建物は取り壊され駐車場として使用されていた。本件売買後、買主は地中の産業廃棄物埋設により 1018 万円余の、本件自殺事故により 900 万円の損害を負ったとして 1918 万円余の損害賠償を売主に請求した。
判断	心理的瑕疵に対する判断としては、買主の分譲価格は本件自殺を考慮されたものではなく、完売されていること、本件自殺より 8 年以上が経過し事故があった共同住宅は解体されその痕跡が一切残っていないことから、心理的瑕疵の存在は認められないとした。

（ウエストロー・ジャパン）

　裁判などのトラブルに発展する事例が発生しなくとも、心理的瑕疵物件に対する基準が曖昧なことで様々な課題がありました。

■図表 2-10　「心理的瑕疵に係る現状と課題について」（抜粋）

心理的瑕疵の現状について　売買取引の場合

心理的瑕疵に係る物件を取引する際、買主による嫌悪感を払拭するための基本的な対応

売買
不動産の価格を市場価格より減価して売却する。どの程度減価するかは、該当する瑕疵の内容や事故物件となった背景にもよる。
腐乱等進んだ場合等においては、建物を解体し土地として売却するケースも有り。
→当該物件を取り扱う宅建業者においては、重要事項説明等で告知・説明している。

心理的瑕疵に関する売買契約特約例（全宅連売買契約書解説書より抜粋）

物件敷地内において、平成〇年頃、死亡事件（殺人）が発生したが、事件当時の建物は「お祓い」をして取り壊しをしているとのことである。以上の点は「隠れたる瑕疵」に該当するものではなく、買主は売主に対し、損害賠償その他法的請求をなし得ないものとする。

【売買取引における課題点】
○過去に事件・事故があった場合にどのような事故が心理的瑕疵となのか、また事故が発生してからどの程度経過すれば説明義務がなくなるのか。
○売主等当事者以外の近隣住民等にとこまで聴取を行う必要があるのか。
○過去の裁判例を参考にする場合、どの事例を参考とすればよいのか。
○建物内で自殺等あった場合で建物を解体した場合の説明義務の有無はどうか。
○敷地の一部で事件等があった場合で、その敷地を分割して売却した場合の説明義務の有無はどうか。
○分譲マンションの取引の際に、他の住戸や共用部分等で自殺等があった場合にどこまで説明すればよいのか。
心理的瑕疵と認められる判断基準は、これまで明確な基準がなく過去の裁判事例等から考えて判断するにとどまっている。従って上記の基本的な対応するにあたって個々の宅建業者がどこまで説明するかが重要な問題となっている。

心理的瑕疵の現状について　賃貸取引の場合

賃貸
前賃借人の死亡を直接の原因とした室内の汚損等生じた場合の清掃、消臭、消毒を行ったうえで賃貸募集をする。賃料については減額して設定。
→当該物件を取り扱う宅建業者においては、重要事項説明等で告知・説明している。

心理的瑕疵に関する賃貸契約特約例（全宅連解説書より抜粋）

本件建物（賃貸物件）内において、〇年頃、賃貸人が自然死（孤独死）し、若干の腐乱状態で発見されたが、畳・壁部分はすべて改装し、当該建物（賃貸物件）部分は既に「お祓い」もして（その後賃借人も何代か変わって）いるとのことである。以上の点は「契約不適合」に該当するものではなく、賃借人は賃貸人に契約不適合に関する法的請求をなし得ないものとする。

【賃貸取引における課題点】
○売買同様、過去に事件・事故があった場合にどのような事故が心理的瑕疵となのか、また事故が発生してからどの程度経過すれば説明義務がなくなるのか。
○貸主等当事者以外の近隣住民等とこまで聴取を行う必要があるのか。
○賃料の減額はどのぐらいの期間行う必要があるか。
○借主が高齢者の場合、孤独死等の発生を懸念するため貸主が高齢者への賃貸を嫌がる傾向がある。
　→仮に物件内で孤独死が発生した場合「事故物件化」することに伴う賃料の減額、特別清掃等の原状回復費用、残置物の処分のあり方について明確なルールがないため、賃貸流通を阻害する要因の一つになっている。
○貸主が宅建業者に対しても事実を伏せていたり、オーナーチェンジや管理会社が変更になったりして、過去に何があったか把握できないケースもある。

基準作成の必要性

○心理的瑕疵に関して告知義務はあるものの、その期間については明確に定められていないことにより、個々の宅建業者が自主的に判断しているのが現状。その対応にばらつきがあり、誤った判断によってケースによってトラブルに発展する場合がある。
　（事件・事故等発生後短期間しか経過してないにもかかわらず告知をしてしない等）

○いわゆる事故物件を取り扱うことによる実務の煩雑さ（売りづらい、貸しづらい）を懸念して物件を取扱う宅建業者の意欲、積極性も減退させている。

○事故があった事実を把握した場合に、相当経過していたとしても宅建業者は現状詳細な聴取をしなければ
ならず、かつ親族や関係者に対し知られたくない情報を聴取することは非常に負担が大きく、宅建業者の
調査義務には限界がある。（東日本大震災等の大規模災害で犠牲にあったケースにおいては特に顕著）

○前述のとおり、事故物件として広告した場合に、対象物件の隣接地や近隣エリアについての市場価格にも
影響を及ぼしているのではないか。

○孤独死等は昨今マスコミでも取り上げられ、さらには保険商品で孤独死に関する保障が創設されるなど、
社会全体での意識の変化も起きている。高齢者の単身世帯も増えてきていることから、孤独死も珍しいこ
とではなく、忌み嫌うことではないという認識も増えているのではないか。

○また前述のとおり孤独死に係る貸主側の心理的障壁（孤独死が発生した場合の様々なリスクを嫌い賃貸に
消極的になる傾向）をなくすため、明確な基準を策定することが喫緊の課題である。

ついては、不動産取引における心理的瑕疵に係る考え方等を整理したうえで宅建業者が重要事
項として調査説明すべき心理的瑕疵の範囲及び期間を明確にするガイドライン等を創設すべき。

（（公社）全国宅地建物取引業協会連合会）

　上記は、2020年2月5日（公社）全国宅地建物取引業協会連
合会によって作成された「心理的瑕疵に係る現状と課題について」
の一部です。業界の様々な問題と不透明さを物語っています。

2 ガイドラインの具体的な内容

　「宅地建物取引業者による人の死の告知に関するガイドライン」
は、端的にいうと、次のような原則が提示されたことになります。

・売買契約・賃貸契約ともに、特殊清掃を行わない自然死や不慮
　の死などの場合は告知不要
・賃貸契約の場合、自殺や他殺、特殊清掃が行われた自然死や不
　慮の死等の場合でも 3 年程度経過したら告知不要
・売買契約・賃貸契約ともに、隣接する住戸や通常使用しない集
　合住宅の共用部分[5] は告知の対象外

　このガイドラインができたことで、特に賃貸不動産の貸主や不
動産仲介業者にとって、死因や発生時期などの告知の基準が明確
になりました。また、「孤独死はすべて事故物件である」という
印象を回避することで、単身高齢者が賃貸物件を借りられない問
題を是正する意図が読み取れる内容となっています。
　それでは実際にガイドラインの内容を見てみましょう。それぞ
れの項目に対して筆者によるコメントを追記しています。

（1） ガイドラインの位置づけ

① 宅地建物取引業者の義務の判断基準としての位置づけ

ガイドライン（抜粋）

　（2） 本ガイドラインの位置づけ
① 　宅地建物取引業者の義務の判断基準としての位置づけ

5 　該当住戸のベランダや通常使用する玄関・エレベーター等は、告知の対象となる。

不動産取引に際し、買主・借主が契約を締結するか否かの判断に重要な影響を及ぼす可能性がある事案について、売主・貸主による告知が適切に行われることが重要である。

　しかしながら、実際の取引においては、不動産取引の専門家である宅地建物取引業者が売主となる、又は媒介をするケースが多数であり、買主・借主は、契約を締結するか否かの判断に重要な影響を及ぼす可能性がある事項について、宅地建物取引業者を通じて告げられることが多数を占める。

　宅地建物取引業者が自ら売主となる場合はもちろんのこと、宅地建物取引業者が媒介を行う場合には、契約の成立に向けて総合的に調整を行う立場として、不動産取引の実務において極めて大きな役割を果たしており、売主・貸主が把握している情報が買主・借主に適切に告げられるかは、宅地建物取引業者によるところが大きい。

　一方で、既に述べたとおり、不動産取引の実務においては、告知の要否、告知の内容についての判断が困難なケースがあるため、取り扱う宅地建物取引業者によって対応が異なる状況があり、不動産の適正な取引や居住の安定の確保を図る上での課題となっている。

　このような点を踏まえ、本ガイドラインは、不動産において過去に人の死が生じた場合において、当該不動産の取引に際して宅地建物取引業者がとるべき対応に関し、宅地建物取引業者が宅地建物取引業法上負うべき義務の解釈について、トラブルの未然防止の観点から、現時点において裁判例や取引実務に照らし、一般的に妥当と考えられるものを整理し、とりまとめたものである。

　過去に人の死が生じた不動産の取引に際し、宅地建物取引業者が本ガイドラインで示した対応を行わなかった場合、そのことだけをもって直ちに宅地建物取引業法違反となるものではな

いが、宅地建物取引業者の対応を巡ってトラブルとなった場合には、行政庁における監督に当たって、本ガイドラインが参考にされることとなる。

【コメント】

　宅地建物取引業者（以下、「宅建業者」という）側の目線でガイドラインを見ると、ガイドライン自体は宅地建物取引業法とは別物ではあるものの、ガイドラインをもとに行政庁より監督、指導されることを考えると、当然に遵守しておくべき内容です。ガイドラインが発表されたことにより、買主・借主はこれまで以上に心理的瑕疵の告知に敏感になることが予想されるため、トラブル回避のためにも、よりガイドラインを遵守することの重要性が増してくると考えられます。

　一方で、このガイドラインの位置づけをそのまま受け取ると、定められた告知期間を過ぎたにもかかわらず告知し続けた場合、トラブル発生時には告知しすぎているといった行政庁からの監督、指導を受ける可能性があるとも読み取れます。売主・貸主自らが告知期間を超えて告知する場合は問題になりませんが、媒介業者はトラブルを避けるために売主・貸主の承諾を得て告知していくことが望ましいでしょう。

　宅建業者は売主・貸主に対し、過去に生じた事案（人の死）について物件状況報告書等への記載を求めることで調査義務を果たしたことになり、近隣住民への聞き込みやインターネットで調査するなどの自発的な調査までは求められていませんが、物件状況報告書等に適切に記載されるよう助言することが宅建業者には求められています。「故意」に伝えない場合は、損害賠償請求をされる可能性もあることを伝え、人の死に関する事案の存在が疑われるような事情があるときは、宅建業者の立場として売主・貸主にしっかりと確認をする必要があります。

② 民事上の責任の位置づけ

> ガイドライン（抜粋）
>
> ② 民事上の責任の位置づけ
>
> 　個々の不動産取引において、人の死の告知に関し紛争が生じた場合の民事上の責任については、取引当事者からの依頼内容、締結される契約の内容等によって個別に判断されるべきものであり、宅地建物取引業者が本ガイドラインに基づく対応を行った場合であっても、当該宅地建物取引業者が民事上の責任を回避できるものではないことに留意する必要がある。
>
> 　しかしながら、宅地建物取引業者が、一般的な基準として本ガイドラインを参照し、適切に対応することを通じて、不動産取引に際し、当該不動産において過去に生じた人の死に関する事案について、買主・借主が十分な情報を得た上で契約できるようにすることにより、取引当事者間のトラブルの未然防止とともに、取引に関与する宅地建物取引業者との間のトラブルの未然防止が期待される。

【コメント】

※重要※ ガイドラインに従って判断しても、民事上の責任を回避できるものではない。

　重要なポイントは、ガイドラインに従って判断しても、民事上の責任を回避できるものではないという点です。ガイドライン自体は、過去の判例を参考にして定められていますが、仮に同じ死因であったとしても、発生した地域、場所、周知の状況などによっては求められる取扱い方が変わります。「ガイドラインを遵守したから大丈夫」ではなく、買主・借主の立場に立って判断することが重要であり、判断に迷うようであれば無駄なトラブルを

回避するためにも柔軟に対応していくことが望ましいと考えます。

（2） 適応範囲

ガイドライン（抜粋）

2．本ガイドラインの適用範囲

（1）対象とする事案

　本ガイドラインにおいては、取引の対象となる不動産において生じた人の死に関する事案を取り扱うこととする。

（2）対象とする不動産の範囲

　住宅として用いられる不動産（居住用不動産）とオフィス等として用いられる不動産を比較した場合、居住用不動産は、人が継続的に生活する場（生活の本拠）として用いられるものであり、買主・借主は、居住の快適性、住み心地の良さなどを期待して購入又は賃借し、入居するため、人の死に関する事案は、その取引の判断に影響を及ぼす度合いが高いと考えられることから、本ガイドラインにおいては、居住用不動産を取り扱うこととする。

【コメント】

　居住用不動産は住む人にとって生活そのものであり、普段から事故物件の取引に携わっている立場からみても、居住用不動産におけるガイドラインは必要であると感じていましたので、大きな一歩になりました。一方で、居住用不動産に比べ重要度、緊急度は低いものの、オフィス等であったとしても重大な事件や事故が発生した場合は不動産取引に大きな影響があるため、今後ガイド

ラインが策定されることを期待しています。

（3）調査について

ガイドライン（抜粋）

3．調査について

（1）調査の対象・方法

　宅地建物取引業者は、販売活動・媒介活動に伴う通常の情報収集を行うべき業務上の一般的な義務を負っている。ただし、人の死に関する事案が生じたことを疑わせる特段の事情がないのであれば、人の死に関する事案が発生したか否かを自発的に調査すべき義務までは宅地建物取引業法上は認められない。他方で、販売活動・媒介活動に伴う通常の情報収集等の調査過程において、売主・貸主・管理業者から、過去に、人の死に関する事案が発生したことを知らされた場合や自ら事案が発生したことを認識した場合に、この事実が取引の相手方等の判断に重要な影響を及ぼすと考えられる場合は、宅地建物取引業者は、買主・借主に対してこれを告げなければならない。

　なお、媒介を行う宅地建物取引業者においては、売主・貸主に対して、告知書（物件状況等報告書）その他の書面（以下「告知書等」という。）に過去に生じた事案についての記載を求めることにより、媒介活動に伴う通常の情報収集としての調査義務を果たしたものとする。この場合において、告知書等に記載されなかった事案の存在が後日に判明しても、当該宅地建物取引業者に重大な過失がない限り、人の死に関する事案に関する調査は適正になされたものとする。

　調査の過程において、照会先の売主・貸主・管理業者より、事案の有無及び内容について、不明であると回答された場合、

あるいは回答がなかった場合であっても、宅地建物取引業者に重大な過失がない限り、照会を行った事実をもって調査はなされたものと解する。

　前述のとおり、取引の対象となる不動産における事案の有無に関し、宅地建物取引業者は、原則として、売主・貸主・管理業者以外に自ら周辺住民に聞き込みを行ったり、インターネットサイトを調査するなどの自発的な調査を行ったりする義務はないと考えられる。仮に調査を行う場合であっても、近隣住民等の第三者に対する調査や、インターネットサイトや過去の報道等に掲載されている事項に係る調査については、正確性の確認が難しいことや、亡くなった方やその遺族等の名誉及び生活の平穏に十分配慮し、これらを不当に侵害することのないようにする必要があることから、特に慎重な対応を要することに留意が必要である。

【コメント】

　亡くなられた方や遺族への配慮、インターネットサイトにおける情報の正確性を考えると、仲介を行う宅建業者としては、この調査方法は妥当であると考えられます。

　ただし、「人の死に関する事案が生じたことを疑わせる特段の事情がないのであれば」という前提が書かれているため、少しでも疑わしいことや、何らかの情報を知っていた場合は対応を変える必要があります。例えば、契約締結前に、買主・借主から「人が亡くなっている物件という情報を聞いたのですが実際はどうでしょうか」というような質問を受けた場合、「疑わせる特段の事情」にあたるかどうか微妙なところになります。

　このような質問が出た時点で買主・借主は人の死に関して敏感になっていると考えられますので、その情報元を確認したうえで、買主・借主に対しその疑義の内容を伝えしっかりと回答を得

ることをおすすめします。

（4）告知について

4．告知について

　冒頭の繰り返しとなるが、人の死は日々各地で発生しているが、それがいわゆる心理的瑕疵に該当するかや、その継続性の評価は、事案の態様・周知性等や当該物件の立地等の特性によって異なり、時代や社会の変化に伴い変遷する可能性もある。また、いわゆる心理的瑕疵は時間の経過とともに希釈され、やがて消滅するとの裁判例もある。その上、不動産取引における人の死に関する事案の評価については、買主・借主の個々人の内心に関わる事項であり、それが取引の判断にどの程度の影響を及ぼすかについては、当事者ごとに異なるものである。このため、本ガイドラインでは、裁判例等も踏まえて、可能な範囲で、現時点で宅地建物取引業者による告知の範囲として妥当と考えられる一般的な基準を以下の通り示すこととする。

【コメント】

　心理的瑕疵に対する評価は時代や社会の変化に伴い変遷する可能性があり、時間の経過とともに希釈されやがて消滅するという点については、筆者も完全に同意です。また、個々人の内心に関わる事項であり、取引の判断にどの程度影響を及ぼすかは当事者ごとに異なるという点についても同感です。しかし、影響の度合いに個人差があるからこそ、一般的な基準で一括りにすることは一定数存在すると思われる「事故物件が苦手な人」の住居選びにおいてはリスクがあります。快適で心穏やかに過ごすための生活

基盤そのものを揺るがすおそれがあるのではないかと考えています。

① 告知が不要なケース1

ガイドライン（抜粋）

（1）宅地建物取引業者が告げなくてもよい場合について

①賃貸借取引及び売買取引の対象不動産において自然死又は日常生活の中での不慮の死が発生した場合

　老衰、持病による病死など、いわゆる自然死については、そのような死が居住用不動産について発生することは当然に予想されるものであり、統計においても、自宅における死因割合のうち、老衰や病死による死亡が9割を占める一般的なものである。

　また、裁判例においても、自然死について、心理的瑕疵への該当を否定したものが存在することから、買主・借主の判断に重要な影響を及ぼす可能性は低いものと考えられ、2.（2）の対象となる不動産において過去に自然死が生じた場合には、原則として、賃貸借取引及び売買取引いずれの場合も、これを告げなくてもよい。

　このほか、事故死に相当するものであっても、自宅の階段からの転落や、入浴中の溺死や転倒事故、食事中の誤嚥など、日常生活の中で生じた不慮の事故による死については、そのような死が生ずることは当然に予想されるものであり、これが買主・借主の判断に重要な影響を及ぼす可能性は低いと考えられることから、賃貸借取引及び売買取引いずれの場合も、自然死と同様に、原則として、これを告げなくてもよい。

　ただし、自然死や日常生活の中での不慮の死が発生した場合であっても、取引の対象となる不動産において、過去に人が死

亡し、長期間にわたって人知れず放置されたこと等に伴い、い
わゆる特殊清掃や大規模リフォーム等（以下「特殊清掃等」と
いう。）が行われた場合においては、買主・借主が契約を締結す
るか否かの判断に重要な影響を及ぼす可能性があるものと考え
られるため、後記及び（2）に従う。

【コメント】

　ここで記載されたような日常生活を送る中で当然に発生する可
能性のある不慮の事故などによる死が発生した不動産の場合、実
際の取引においてもほとんど取引価格に影響は出ていないように
感じます。ここは判断が分かれるところかもしれませんが、「取
引価格に影響が少ないのであれば告知をしなくて良い」という考
えもあれば、「少なくても影響する買主・借主がいる」「告知をす
ることで、人が住宅の中で亡くなることの特別性をなくすことに
つながり、結果として孤独死に対する忌避感も薄らぐ」という考
え方もあるのではないか考えられます。

　また、特殊清掃等が行われたかどうかをもって告知するかどう
かを判断する点については、取引の実情を考えるとやむを得ない
部分はありますが、通常の清掃と特殊清掃の違いや通常の原状回
復工事と大規模リフォーム等との違いの部分がグレーゾーンと
なっており、今後の課題になってくると思われます。

②　告知が不要なケース2

ガイドライン（抜粋）

②賃貸借取引の対象不動産において①以外の死が発生又は特殊
清掃等が行われることとなった①の死が発覚して、その後概ね3
年が経過した場合

　①以外の死が発生している場合又は①の死が発生して特殊清

掃等が行われた場合、いつまで事案の存在を告げるべきかについては、その事件性、周知性、社会に与えた影響等により変化するものと考えられるが、賃貸借取引については、過去の裁判例等を踏まえ、賃貸借取引の対象不動産において①以外の死が発生している場合又は①の死が発生して特殊清掃等が行われた場合には、特段の事情がない限り、これを認識している宅地建物取引業者が媒介を行う際には、①以外の死が発生又は特殊清掃等が行われることとなった①の死が発覚してから概ね3年間を経過した後は、原則として、借主に対してこれを告げなくてもよい。ただし、事件性、周知性、社会に与えた影響等が特に高い事案はこの限りではない。なお、借主が日常生活において通常使用する必要があり、借主の住み心地の良さに影響を与えると考えられる集合住宅の共用部分は賃貸借取引の対象不動産と同様に扱う。

【コメント】

　ポイントは、「概ね3年の告知期間」の妥当性ということになります。そもそもガイドラインは法律に準じるような存在として、これ以上悪い取引の仕方はダメであるという「限界ライン」を示すために、裁判例を踏まえて策定されています。この点でいえば3年の告知期間は妥当であると言えます。

　しかし、ここでいう裁判例は損害を与えるかどうかのラインであり、取引における理想的な形とはまた別物であるという点に注意が必要です。この点が「ガイドラインを遵守すれば大丈夫」ではないことにつながります。宅建業者としては、ガイドラインはあくまでも最低ラインであり、借主に満足してもらうことやトラブルが発生しないように配慮していく必要があることをしっかり理解しておくことが大切です。

　その他、事件性、周知性、社会への影響が大きい場合は、3年

を経過しても告知が必要です。また、集合住宅の共用部分の扱い
も「住み心地の良さに影響を与える場合」ということとなってお
り、表現があいまいでそれぞれグレーゾーンが存在します。これ
は事象の問題だけでなく、地域や時期、取り上げられ方など様々
な要因が影響するためで、白黒つけることができない内容となっ
ています。この点からもガイドラインを最低ラインと捉え、迷う
ようであれば借主の納得感や安心感を優先したうえで、貸主に相
談して対応していくことが必要となります。

③　告知が不要なケース3

> ガイドライン（抜粋）
>
> ③賃貸借取引及び売買取引の対象不動産の隣接住戸又は借主若
> しくは買主が日常生活において通常使用しない集合住宅の共用
> 部分において①以外の死が発生した場合又は①の死が発生して
> 特殊清掃等が行われた場合
>
> 　賃貸借取引及び売買取引において、その取引対象ではないも
> のの、その隣接住戸又は借主もしくは買主が日常生活において
> 通常使用しない集合住宅の共用部分において①以外の死が発生
> した場合又は①の死が発生して特殊清掃等が行われた場合は、
> 裁判例等も踏まえ、賃貸借取引及び売買取引いずれの場合も、
> 原則として、これを告げなくてもよい。ただし、事件性、周知
> 性、社会に与えた影響等が特に高い事案はこの限りではない。

【コメント】

　マンションの一室で孤独死が発生し、発見まで2週間かかっ
た現場の隣接住戸にお住まいの方に特殊清掃施工前の挨拶で訪問
しました。その際に「隣に住んでいる自分が気にかけていれば
もっと早く気づいてあげられたかもしれないのに。ご遺体が腐敗

し、息子さんと面会できないお別れになってしまったことに責任を感じている」と、悲痛な表情でお話されていました。

　一方で、別の物件で同じような状況で訪問した際には「本当に迷惑している、不動産の価値が下がってしまった。一刻も早く片づけてほしい」と厳しい言葉を受けたこともあります。

　このように、隣接住戸と一言で言っても、受け取り方は人それぞれ違いますし、周囲が受ける印象も異なります。前者のような方が周りにいれば、「住んでもらえて、亡くなった方も喜んでいる」という話になるかもしれません。後者の場合であれば、「よくあんな家に住めるな」になるかもしれません。当然ながら、その住戸に住まれた方の周りから受ける視線が違うのは言うまでもありません。

　これまでに述べてきたとおりですが、ガイドラインを守ることだけを目的とするのではなく、住む方の気持ちになって対応していくことが重要です。

【宅建業者が告知しなくてもよい場合】

> 1. 自然死・日常生活の中での不慮の死
>   （老衰、持病による病死、転倒事故、誤嚥（ごえん）など）
> 2. （賃貸借取引において）「1 以外の死」「特殊清掃等が行われた 1 の死」が発生し、おおむね 3 年が経過
> 3. 隣接住戸、日常生活において通常使用しない集合住宅の共用部分で発生した死

④　告知が必要なケース

> ガイドライン（抜粋）
>
> （2）上記（1）①〜③以外の場合

上記（1）①～③のケース以外の場合は、宅地建物取引業者は、取引の相手方等の判断に重要な影響を及ぼすと考えられる場合は、買主・借主に対してこれを告げなければならない。

　なお、告げる場合は、宅地建物取引業者は、前記3.の調査を通じて判明した点について実施すれば足り、買主・借主に対して事案の発生時期（特殊清掃等が行われた場合には発覚時期）、場所、死因（不明である場合にはその旨）及び特殊清掃等が行われた場合にはその旨を告げるものとする。

　ここでいう事案の発生時期（特殊清掃等が行われた場合には発覚時期）、場所、死因及び特殊清掃等が行われた旨については、前記3.で示す調査において売主・貸主・管理業者に照会した内容をそのまま告げるべきである。なお、売主・貸主・管理業者から不明であると回答された場合、あるいは無回答の場合には、その旨を告げれば足りるものとする。

【コメント】

　ガイドラインは読んでも内容がわかりづらい文章になっていますので、少し補足します。

　告知が必要な事案は、「殺人、自殺、事故による死亡、特殊清掃が必要な自然死・不慮の死」となっています。これは実際に買主・借主が契約を締結するか否かの判断に大きな影響を及ぼしますので、妥当な内容ではないかと思われます。

　次に、この事案を把握する方法としては、売主や貸主、管理業者にヒアリングする形をとり、インターネットでの調査や周辺の聞き込み調査は不要となっています。プライバシーへの配慮の点やインターネットの情報の正確性を考えると、これも妥当です。また、伝える内容については、発生時期、場所、死因、特殊清掃施工の有無のみで良いとされ、ヒアリングできたことをそのまま伝え、状況がわからなければその旨を伝えればよいでしょう。

⑤　告知期間

　賃貸契約における告知期間は事案の発生から概ね3年とされましたが、売買契約については今回のガイドラインでは期間は定まっていません。

　売買契約は賃貸契約と比較して、買主が快適な住まいを求める気持ちが強く、物件選びに対し繊細になる場合が多くあります。また、取引価格も高額になり、住宅ローンの借入や所有権移転を伴うため、万一トラブルが発生した場合、金銭的にも精神的にも負担が大きく、後戻りできない状況になります。

　今回のガイドライン策定にあたり、ガイドライン検討段階では売買契約にも期限を設ける議論はされていましたが、最終的に期限を定めないとなったことも納得できます。むしろ、期限を定められなかったというのが本音かもしれません。

　一方で、売買契約における告知期間が定まらなかったことで、グレーゾーンが残った状態になりました。仮に告知が必要な事案が発生した場合において、5年10年という単位であれば告知をすべきという判断がされるかもしれませんが、30年50年100年といった単位で考えると告知をすべきということにはならないかもしれません。ここは判断が難しいところです。

⑥　留意事項

> ガイドライン（抜粋）
>
> （4）留意事項
> 　告げる際には、亡くなった方やその遺族等の名誉及び生活の平穏に十分配慮し、これらを不当に侵害することのないようにする必要があることから、氏名、年齢、住所、家族構成や具体的な死の態様、発見状況等を告げる必要はない。

また、買主・借主に事案の存在を告げる際には、後日のトラブル防止の観点から、書面の交付等によることが望ましい。

【コメント】

　告知の範囲は、亡くなられた方や遺族への配慮が最優先になります。

　一方で、買主・借主側は少しでも多くの情報を知りたいという要望がある場合があります。説明を求められた際は不用意に説明をせず、売主・貸主の許可を得た範囲内で説明するよう、注意が必要になります。稀にですが「この人には説明してもよかったが、この人には説明してほしくなかった」というようなこともあるため、その都度確認することが望ましいでしょう。

3 ガイドライン制定の意義

不動産オーナー、不動産業者にとってのメリットとデメリットを考察します。

（1）メリット

① トラブル回避

不動産オーナーや不動産仲介業者にとっては告知の判断で迷うことが少なくなり、仮に告知に関するクレームを受けてもガイドラインを遵守しているという一定の正当性を示すことができ、心理的瑕疵におけるトラブルが減ると想定されます。

② 不動産の流通促進

これまで告知を必要としたものが不要となることで、取引が円滑になると予想され、空室リスクの軽減につながります。

③ 高齢者への貸出しリスクの軽減

住宅を借りづらい単身の高齢者にとっては、入居を後押しする材料になりますが、一方不動産オーナー目線でみると、募集対象に高齢者を含むことになれば、これまで以上に空室リスクを軽減することが可能になります。

（2）デメリット

不動産オーナー、不動産業者にとっての大きなデメリットは特にないように感じます。ただし、ガイドラインは法律ではないという点に注意が必要です。ガイドラインを守っていれば大丈夫と

勘違いしてしまい、結果としてトラブルに巻き込まれることのないように買主・借主への配慮が必要です。

　また、ガイドラインの内容は一般的に妥当と考えられる事象に限定されており、実務上、判断が不明瞭のままとなっている内容も多いのが現状です。ガイドラインは万能という位置づけではなく、記載のない事象が生じた場合には、従来どおり過去の裁判例等を基に個別判断をしていくことが必要になると思われます。

（3）実務への影響

　賃貸住宅の場合の心理的瑕疵の告知が概ね3年となったことで、事故物件を低価格で購入して、3年経過した後は告知をせずに賃貸として貸し出す不動産投資が今後活発になっていくと予想されます。また、高齢者への貸出しリスクが軽減されたことで、高齢者の住宅確保問題については一定の効果があると考えられます。

　一方で、まだまだ不動産オーナー、不動産業者をはじめ、不動産を検討する一般顧客にとって、ガイドラインの認知が低いと感じられます。

　大切なことは、ガイドラインを参考にしつつも、目の前のお客様に満足してもらうことです。仮に心理的瑕疵に対して不安を感じているお客様がいれば、情報を隠すのではなく、納得して住んでもらえるように、最大限の配慮が必要です。また、借りる側（賃借人）にとっては、事故物件に抵抗がある場合、自ら質問しないと説明を受けられない可能性があることをしっかりと認識する必要があります。今回のガイドラインの最大のポイントは、事故物件に抵抗がある“買主・借主側の自己責任”です。これをしっかりと周知することが、円滑な取引にとって重要になってきます。

4 ガイドラインを無視すると今後どうなるのか

　事故物件であることを隠して、契約することには多大なリスクが伴います。今回、不動産・相続特化の山村法律事務所代表弁護士山村暢彦氏（以下、山村弁護士）に、法的リスクについてご教示いただきました。

Q1 今回ガイドラインができましたが、それを知らないうちに破ってしまったり、無視したりするとどうなるのでしょうか？

A1.

　まず、宅建業法上の説明義務違反になる可能性が高くなります。説明義務の範囲等が曖昧だったのですが、ガイドラインという基準ができましたので、このガイドラインに違反すると宅建業法違反に問われる可能性が非常に高くなります。宅建業法違反は、免許停止など免許状の効力や罰金・懲役などの刑事罰を受ける可能性があります。

　そして次に、裁判所を通じた民事の損害賠償事件に発展することもあるでしょう。不動産業者側が説明義務を怠り告知をしなかったことで買主が思わぬ物件を買わされ、損害を被ったという理由で、金銭的な損害賠償民事事件になる可能性があります。

　例えば、事故物件のために本来 1,000 万円程度の評価になってしまった物件を、事故物件だと説明せずに売主が 2,000 万円で売った場合、「説明しなかった責任」を追及され、その差額の 1,000 万円を請求されることになります。

A2.

あくまでもガイドラインは過去の裁判例の集積をもとに、共通項を抜き出し作成された一つの基準でしかないので、個別の事案ごとの結論まで定められていません。そのため、個々の事案ではそもそもガイドラインに当てはまるのか否かといったことや、ガイドラインを参照しても結論がわからない問題も多数生じる可能性があるでしょう。

特にガイドラインで定められていないようなトラブルは、過去に類似の事例が少なく、判断が難しく、裁判に発展する可能性も高くなると考えられます。

Q3 自社がガイドラインを遵守できているか判断に迷う時はどうしたらよいでしょうか？

A3.

2つの方法をおすすめします。

① 宅建協会の相談部署に連絡する

「このようなケースの場合、告知したほうがよいですか？」と確認して判断をあおいでください。

② 弁護士に相談する

告知すべきかそうでないか、相談しましょう。100%確約ではありませんが、リスクを減らすことができます。

ただ、100%安心な方法をとるなら、すべて包み隠さず正直に伝えたほうがよいでしょう。事故物件であることを黙って値段をつり上げても、その後トラブルに発展すると、その対処費用のほうが高くつくことが多いでしょう。

Q4 今後ガイドラインが裁判に与える影響はどのようなことが考えられるでしょうか？

A4.

　そもそもガイドライン自体が判例をもとに策定されているため、裁判に大きく影響することはないと考えています。むしろ、告知義務の範囲が明確化されることによって、買主・借主からの訴訟を防ぐことに役立つのではないでしょうか（ガイドラインを遵守している以上、これ以上文句を言わないで、と主張できるようになりました）。

　このガイドラインができたことにより、（明確なガイドライン違反は別ですが）事故物件に文句を言いやすくなったということはなく、事故物件であってもここまで告知しておけば問題ないとされる場面が増え、不動産の流通促進につながると期待しています。

Q5 今後貸主が注意すべき点としては、どのようなことがありますか？

A5.

　ガイドラインは、裁判例を集積して作成しているものであるため、事故物件の告知義務違反のメルクマールとして非常に参考になります。そのため、明確なガイドライン違反を犯すと法的責任追及は免れないでしょう。

　一方、ガイドラインを遵守していれば、悪質なクレーマーに悩まされることが減っていくかもしれません。薬にも毒にもなり得るものですが、判断に迷う場合には、お近くの専門家に相談するとよいでしょう。

5 まだまだ認知率が低いガイドライン

今回のガイドラインを受けて、GMOリサーチに依頼し、547名の宅建業に従事している人および558名の一般消費者に対してアンケートを実施しました。

（1） 宅建業者へのアンケート

宅建業に従事している人に対して行ったアンケートでは、今回のガイドラインに対する認知率はまだまだ低いということがうかがえます。知らなかったという宅建業者が、40％以上にも及び、聞いたことはあるという宅建業者が20％もいました。ガイドラインを知らないまま取引を進めてしまうと、うっかり法律違反を犯していたということもあり得るため、認知率を高めることが急務です。

また、事故物件に対するイメージや、事故物件を扱うことへの抵抗感についても聞いてみました。下記の結果を見ると、まだまだ多くの不動産業者が抵抗を持っているということがわかります。

■図表 2-11 宅建業者へのアンケート結果

● 2021年10月、国土交通省より「人の死の告知に関するガイドライン」が発表されたのをご存知ですか？

	件	％
詳しく知っている	45	8.2％
ある程度知っている	134	24.5％
聞いたことはある	124	22.7％
知らない	244	44.6％
合計	547	100.0％

● 事故物件に対するイメージを教えてください。

	件	％
幽霊が出そう	220	40.2％
汚い	115	21.0％
暗い	163	29.8％
安い	301	55.0％
お得	98	17.9％
運気が下がる	177	32.4％
その他	9	1.6％
合計	547	100.0％

● 事故物件を扱うことに抵抗はありますか？

	件	％
ある	310	56.7％
ない	100	18.3％
どちらとも言えない	137	25.0％
合計	547	100.0％

　　今後自殺や殺人の件数が増加するかどうかはわかりませんが、孤独死は増加の一途をたどる可能性が高いと思われます。このよ

うな時代背景において、「孤独死のあった物件は扱いたくない」と避けるのは現実的に難しくなるでしょう。不動産業者が孤独死の物件に遭遇する確率も、今後一人暮らしの高齢者数に比例して増えていくと考えられます。そのためにもガイドラインの存在を知り、ある程度の理解を深めていく必要があります。

（2）一般消費者へのアンケート

次に、一般消費者558名に対し今回のガイドラインの制定に対して、一般消費者の方が実際にどのように感じているかについてアンケートを取りました。結果は約6割の人が事故物件かどうかを事前に「知りたい」と答えています。

賃貸住宅を借りる際の告知期間については、約85％の人が知らないという結果でした。

事案の発生から3年経過すれば自ら確認しない限り、不動産業者より事故物件と教えてもらえないということについては、約8割以上の人が「知らない」と答えています。

また、賃貸住宅を借りる時、事故の内容は何年くらい告知してほしいかという質問に対しては、10年を希望する方が最も多く3割もいて、次に31年以上、5年と続きました。

これら一般消費者へのアンケート結果をみると、ガイドラインの認知率が低く、内容も一般消費者が求めている情報と乖離があることがわかります。

不動産オーナーや不動産業者は、お客様とトラブルにならないことが目的ではなく、お客様に喜んで住んでもらうことが目的です。円滑な取引をするためにも、しっかりとお客様ごとに対応していく必要があります。

■図表 2-12　一般消費者へのアンケート結果

●不動産を買う、借りる際に、事故物件かどうかの情報は知りたいですか？

	人	%
知りたい	336	60.2%
どちらかと言えば知りたい	108	19.4%
知りたくない	114	20.4%
合計	558	100.0%

●賃貸住宅を借りる際、事故物件の告知期間が 3 年になったのを知っていますか？

	人	%
知っている	24	4.3%
聞いたことはある	57	10.2%
知らない	477	85.5%
合計	558	100.0%

●賃貸住宅を借りる際、事故発生から 3 年を超えた事故物件の場合、自ら事故の有無を確認しないと不動産業者から教えてもらえない可能性があることをご存知ですか？

	人	%
知っている	28	5.0%
聞いたことはある	81	14.5%
知らない	449	80.5%
合計	558	100.0%

●賃貸住宅を借りる際、事故の内容は何年くらい告知して欲しいですか？

	件	％
3年	51	9.1％
5年	72	12.9％
10年	175	31.4％
20年	47	8.4％
30年	42	7.5％
31年以上	171	30.6％
合計	558	100.0％

第3章

有事の対応

実際に事故物件の具体的な事例や、事故物件に遭遇した場合、不動産業者はどのような対応が必要になるのでしょうか。事例を交えながら、解説していきます。

1 事故物件の事例紹介

　自身（自社）が所有する物件が事故物件になってしまった場合、清掃を依頼する際、どのように業者を探し、費用はどのくらいかかるか……これらの対応は事故の原因によって変わります。不動産管理会社・不動産仲介会社・不動産買取会社・貸主が対応すべき事項など、知っておくべきことを、当社が対応した事例から紹介します。

　なお、事例の発生地域は、依頼人配慮の関係で実際とは異なる都道府県名を記載している場合があります。

（1）孤独死の例

① 事例1

発生地域	埼玉県
状況（孤独死、自殺等）	孤独死
物件（賃貸、売買等）	賃貸アパート
発見者	近隣住民
発見までの経緯等	●発見の時期：冬 ●発見までの期間：約2週間 ●発見までの経緯：同じアパートの隣人が住人を最近見かけないことを不審に思い、窓から室内を覗くと人が倒れていた。呼びかけにも反応がないため不動産管理会社に

	通報。
発見時の状況：遺体の損傷具合等	布団の中で横を向いた形で亡くなっていた。冬でエアコンを使用していなかったため、布団から出ている部分については腐敗は見られなかったが、布団内部は電気毛布を使用していたため腐敗が進んでいた。
当社の立ち位置	孤独死した住人の保証人から依頼を受け、全体的なサポート役と遺品整理、特殊清掃を提案。 （住人の保証人が当社の既存顧客であった関係で、不動産管理会社から保証人に対し、住人と連絡が取れないと通報が入ったタイミングで保証人から当社に相談が入った。保証人と連携しながら、不動産管理会社との連絡や現地立会いの設定、現場での対応のアドバイスなどを行った。）
初動対応：まずどこに連絡したか（すべきか）、警察、家族等	●初動対応：近隣住民からの連絡を受けた際に腐敗臭や虫の発生の有無をヒアリング。呼びかけに応じないことから既に亡くなっている可能性は高いものの、腐敗臭や害虫の発生がみられないため生存の可能性も想定し、至急住人の保証人に連絡。保証人は勤務中ではあったがすぐに現地に駆け付けることが可能であったため、現地立会を実施。窓から確認すると布団で横になっている状況。顔は確認できないものの明らかに異常が感じられたため、室内に入らずその場で警察に通報。 ●その後の対応：警察が到着後、入室し住人の死亡を確認。遺体と室内に残っていた本人確認資料を警察が運び出し、身元確認。死因は心筋梗塞。 保証人は故人と血縁関係がなく、親族が存在するかどうかも把握していなかったが、故人が生活保護を受給していた関係で市の福祉部に相談したところ、兄の存在が発覚した。

費用負担	●特殊清掃、遺品整理費用：相続人 ●原状回復費用：相続人 ●身元調査費用：不要
清掃、遺品整理依頼先等	●特殊清掃、遺品整理：当社 ●原状回復工事：貸主指定の施工業者
現状、今後の対応等	相続人である兄は高齢で病気を患っているため、葬儀を含めたすべての対応を保証人に依頼。保証人が特殊清掃、遺品整理の手配などを行った。
「被相続人と相続人、連帯保証人の関係」、「特殊清掃の費用の相場観」、「損害賠償金」、「家賃保証会社」等	相続人：故人の兄 連帯保証人：故人の知人 家賃保証会社：なし 特殊清掃、遺品整理費用：約40万円 損害賠償金：なし

（ⅰ）　不動産管理会社の対応

　近隣住民より連絡を受けた際には、現場の状況を正確に把握する必要があります。連絡者と住人との関係、最後に住人を見かけたのはいつか、ポストなどの郵便物はたまっていないか、臭気や害虫の発生状況等、必ずヒアリングすることが重要です。

　今回のように住人が生存している可能性がある場合は、一刻を争います。至急保証人と連絡を取り、立会いを実施します。もし連絡がつかないようであれば、現地を確認しすぐに消防、警察へ連絡します。

　保証人と立会いができた今回の場合は、住人の親族の有無と連絡先の確認を行いました。本件は当初、親族の有無が不明でしたが、故人が生活保護を受給しているという情報があったため、市の福祉部に相談し親族に連絡を取ってもらうことができました。

　親族と連絡がとれたものの、本件のように高齢で現地で立会

いができない場合は、親族の了承のもと室内の写真を撮り建物内部の状況を報告し、特殊清掃や遺品整理、原状回復の見積もりを提示し、賃貸借契約の継続の意思確認を行ったうえで、継続を希望しない場合は合意解約の署名を取り交わす必要があります。

　貸主には全体を通じて逐一報告、相談をしながら、貸主の依頼のうえで対応するようにします。不動産管理会社の勝手な判断での対応は、トラブルの原因になるため要注意です。

（ⅱ）　貸主の対応

　貸主として一番気を付けるポイントは、相続放棄されるか否かです。基本的なやり取りは不動産管理会社に依頼しますが、特殊清掃、遺品整理、原状回復工事の費用や未払賃料の回収など、慎重な判断が必要となります。孤独死が発生する現場では相続放棄になるケースも多く、相続財産管理人の選任に時間と費用がかかり、賃貸の再募集もスムーズに行えない場合があります。

②　事例２

発生地域	神奈川県
状況（孤独死、自殺等）	孤独死
物件（賃貸、売買等）	賃貸アパート
発見者	不動産管理会社
発見までの経緯等	●発見の時期：秋 ●発見までの期間：２か月前後 ●発見までの経緯：該当の部屋以外全部屋空室、隣地には大家が住んでいるが高齢ということもあり異常に気づかず。近隣の不

	動産管理会社に3か月に一度家賃を持参して支払うシステム。当該月に訪れなかったため、不審に思い自宅を訪問したところ窓やドアの周辺に大量のハエが飛んでおり、ひどい腐敗臭で発覚。 現場の状況から孤独死が発生していると確信しその場で警察へ連絡。
発見時の状況：遺体の損傷具合等	不動産管理会社立会いのもと警察が入室したところ、和室の畳の上で仰向けに倒れてた。発見当時は遺体の一部が白骨化していた。
当社の立ち位置	不動産管理会社より依頼を受け、特殊清掃の対応。貸主への対応や相続人調査について、不動産管理会社にアドバイスを行った。
初動対応：まずどこに連絡したか（すべきか）、警察、家族等	●初動対応：警察へ連絡後、貸主に状況報告。現地立会は不動産管理会社と警察で実施。警察官が住人の死亡を確認し、遺体は警察が搬送。古いアパートで、故人は長期間住んでいたものの、親族の存在は不明で、保証人もいない状態。 貸主から不動産管理会社を通じ、司法書士に相続人調査を依頼。 ●その後の対応：相続人調査の結果、息子の存在を確認するも連絡がつかず。現場は特殊清掃が至急必要な状況であったため、貸主の費用負担で特殊清掃のみ実施。後日相続人と連絡がついた際に相続放棄を選択される可能性があることから、作業前の状態を写真に残し、貴重品等は仕分けをしてすべて現地に残した状態で一次対応を完了。
費用負担	●特殊清掃費用：貸主 ●相続人調査費用：貸主
清掃依頼先	当社
現状、今後の対応等	建物が古くすぐに次の募集を行わない方針だったため、内装工事などの原状回復は実施せず、特殊清掃をし、貴重品を残した形

	で保存。司法書士を通じ相続人の調査継続中。今後も相続人と連絡がつかない場合は、家庭裁判所に不在者財産管理人の選任を申し立てる予定。
「被相続人と相続人、連帯保証人の関係」、「特殊清掃の費用の相場観」、「損害賠償金」、「家賃保証会社」等	相続人：息子（予定） 連帯保証人：なし 家賃保証会社：なし 特殊清掃の費用：約 35 万円 損害賠償金：建物が古く、今後は建て替えを検討しているため、貸主の意向で損害賠償金の請求はなし

（ⅰ）　不動産管理会社の対応

　警察、貸主へ連絡し、警察と現場検証に立会い（今回は貸主の立会いなし）、現場の状況から特殊清掃の必要性を判断し貸主に施工を依頼してもらいます。その際、特殊清掃業者を紹介してあげるとよいでしょう。また、賃貸借契約の解約や遺品の処分をするために司法書士を紹介して、相続人調査の段取りを組みます。

（ⅱ）　貸主の対応

　基本的な手続きは不動産管理会社に依頼できます。相続人調査をするために司法書士へ依頼します。緊急で特殊清掃が必要な今回の場合は、自費で特殊清掃を実施しました。

③　事例 3

発生地域	神奈川県
状況（孤独死、自殺等）	孤独死
物件（賃貸、売買等）	分譲マンション（売買）
発見者	ガス検針員

発見までの経緯等	●発見の時期：夏 ●発見までの期間：約2週間 ●発見までの経緯：ガス検針員がメーターBOXを開けたところ大量のハエが発生していた。部屋には鍵がかかっていて応答がなかったため、その場で119番通報。
発見時の状況：遺体の損傷具合等	救急隊員が到着し、ドアノックや声掛けするも反応なし。鍵がなかったため、救急隊員が窓を割って入室したところ、リビングで遺体を発見。救急隊員が警察に連絡し、遺体を引き取ってもらったものの、夏場で遺体の腐敗が激しく死因特定が困難な状況であった。
当社の立ち位置	相続人より依頼を受け、特殊清掃、遺品整理、不動産買取りを行った。
初動対応：まずどこに連絡したか（すべきか）、警察、家族等	●初動対応：警察から不動産管理会社へ連絡が入り、不動産管理会社から相続人へ連絡。 ●その後の対応：遺体は移されたものの、部屋は臭気と害虫の発生があり近隣住民から改善要望が入ったため、相続人が特殊清掃を当社に依頼。 受電の翌日には現地確認を行い、現地で特殊清掃、遺品整理の見積りと、概算の不動産買取り価格を提示。その場で特殊清掃の契約の意思確認がとれたため、そのまま空間の消臭・殺虫といった一次対応を実施し、一旦は近隣居住者に迷惑がかからない程度の対応が完了。
費用負担	●特殊清掃、遺品整理：相続人（不動産買取りセットプランのため、手出し0円）
清掃依頼先	当社
現状、今後の対応等	特殊清掃費用や遺品整理費用が捻出できないことを理由に、相続人は当初相続放棄を検討していたが、不動産買取り価格を提示することで相続することを決意。

	懸念していた特殊清掃費用と遺品整理費用の支払いについては、不動産売却資金と相殺する形の当社のサービス「手出し０円プラン」を選択され解決。現場の状況は、床下に体液が染み込んでいたためマンション管理会社に許可を取り、後日床の解体工事を含む特殊清掃、遺品整理を実施。買取り後にリフォーム工事を行うため、特殊清掃後の原状回復は行わなかった。
「被相続人と相続人、連帯保証人の関係」、「特殊清掃の費用の相場観」、「損害賠償金」、「家賃保証会社」等	相続人：息子 連帯保証人：なし 家賃保証会社：なし 特殊清掃の相場：床下の解体、臭気のついた遺品の処分含め約60万円程度 損害賠償金：なし

（ⅰ）　不動産管理会社の対応

　警察から連絡を受けた今回のような場合、まずは相続人に連絡し状況を説明します。そして、現地立会いの調整を行います。

　相続人に対し特殊清掃を実施するように依頼します。可能であれば特殊清掃業者の紹介ができると対応はスムーズです。

　孤独死発覚後、建物の損傷が大きい今回のような場合は、玄関ドア、郵便受け、窓、換気扇など空気が漏れそうな場所を養生テープなどで外部から目張りを行うのが望ましいです。また、特殊清掃当日は近隣居住者に臭気や害虫で迷惑がかかるおそれがあるため、窓を開けないこと、吸気型の24時間換気システムが設置されているマンションであれば停止してもらうよう近隣住民に依頼するなどの配慮が必要となります。

（ⅱ）　不動産買取会社の対応

　孤独死の場合の対応相場は、都市部と地方とで異なります。

本件は神奈川県で人気のエリアであったため、相場からの下落率は5%程度と想定しました。ただ、発見まで2週間とそれほど時間が経過していないにもかかわらず、室内の損傷が大きかったため、通常よりも1.5倍程度リフォーム予算を計上して算出しました。

（iii） 売主（相続人）の対応

相続放棄を選択する場合、相続の発生を知ってから3か月以内に家庭裁判所に申述する必要があります。

孤独死などが発生し建物に相当な損傷がある場合、特殊清掃や遺品整理などに多額の費用がかかり、不動産自体も価値がなくなっているのではないかと考える方が一定数います。しかし、本件のように印象以上に不動産の価値がある場合があるので、負債の調査などと並行し、適切な不動産査定を依頼することが重要です。

（2）事故死の例

① 事例4

発生地域	千葉県
状況（孤独死、自殺等）	火災による死亡
物件（賃貸、売買等）	一戸建て（売買）
発見者	消防隊員
発見までの経緯等	●発生時期：冬 ●発見までの期間：当日 ●発見までの経緯：未明に一戸建ての住宅から火が出ていると近隣住民から消防へ通報。消防隊員による消火活動の結果、妻と子供が焼死体で発見。相談者も重症。

発見時の状況：遺体の損傷具合等	不明
当社の立ち位置	本件不動産の買取りを行った。
初動対応、相談の経緯等	火災発生から約4か月後、高齢者施設の担当の方から当社に不動産の買取り相談があった。 相談者は火災で重症を負い数か月病院に入院していたが、退院後戻る家がないことから高齢者施設に入居、自宅は売却の方向で検討。当初、相談者は不動産業者複数社に売却相談をするも取り扱えないと断られてしまい、困った末、高齢者施設の担当の方に相談し、当社に相談がきた。
費用負担	解体費用：当社（現況のままで買取り）
清掃依頼先	特殊清掃不要
現状、今後の対応等	火災の程度がひどく、そのまま利用できないことから、建物を解体し、更地として販売。
「被相続人と相続人、連帯保証人の関係」、「特殊清掃の費用の相場観」、「損害賠償金」、「家賃保証会社」等	所有者が存命のため相続なし。 連帯保証人：なし 解体費用の相場：約280万円（通常よりもかなり高額） 損害賠償金：なし 火災保険：加入なし

（i）　不動産買取会社の対応

　火災現場の不動産買取査定をする場合、「火災」と「死亡」を分けて考える必要があります。さらに、「死亡」も人数による影響がでるため、今回のように2名が亡くなった火災事故の場合は特に配慮が必要です。他にも物件の場所のエリア特性にも注意が必要です。近隣同士の付合いが深く人口が少ないエリアでは下落幅が大きく、逆に都会になればなるほど下落幅は小さくなる傾向があります。

そのうえで、一戸建ての火災の場合は買取査定を受けた建物がリフォーム等でそのまま利用できるかどうか、土地面積や価格帯から再販後に住まうおおよそのターゲット顧客層を想定し、仮に火災事故がない物件であった場合どのくらいの潜在顧客が存在しているかを推測していきます。そこで出た人数に、事故内容を許容される人の割合をイメージして査定を行います。

今回のケースでは火災事故がない状態の土地の坪単価が25万円前後のエリアであったため、相場からの下落率を35～40％と想定して買取金額を提示しました。

（ii） 売主（相続人）の対応

火災が発生した不動産の売却を考える場合、建替えが必要か、再利用が可能かの判断が重要です。本件のように完全に利用できないことが明らかな場合は問題ありませんが、判断に迷う場合はリフォーム会社に複数社相談したり、居住は難しくても倉庫としての利用ができないか検討したりするなど、建物の可能性を追求することが必要です。

（3） 自殺の例

① 事例5

発生地域	神奈川県
状況（孤独死、自殺等）	自殺（練炭自殺）
物件（賃貸、売買等）	分譲マンション（売買）
発見者	近隣住民
発見までの経緯等	●発見時期：夏 ●発見までの期間：1か月

	●発見の経緯：近隣住民が異臭を感じ、不動産管理会社に連絡をいれたことで発覚。
発見時の状況：遺体の損傷具合等	相続人である兄は、病気で入退院を繰り返していたため、現地の立会いや確認をしておらず不明。
当社の立ち位置	本件不動産の買取りを行った。
初動対応、相談の経緯等	相続人が相続手続、遺品整理、特殊清掃を終えた後、当社に不動産の買取り相談。
費用負担	遺品整理：相続人 １回目特殊清掃：相続人 ２回目特殊清掃：当社（リフォーム工事と同時タイミングで施工）
清掃依頼先	１回目特殊清掃：A社 ２回目特殊清掃（リフォーム工事に含む）：当社
現状、今後の対応等	特殊清掃は完了しているという前情報はあったものの、現地を確認するとまだ臭気が残っていた。 相続人へ報告し、施工した特殊清掃会社にやり直しの対応を依頼するようにアドバイスするも、保証対象外であると断られてしまったため、当社が対応することに。 臭気元の調査の結果、洗面所の下部の巾木、防水パンの隙間から体液が床下に流れており、その部分の清掃がされていないことが原因と発覚。不動産買取り後に行う当社のリフォームと同じタイミングであれば特別費用をかけずに対応できるため、そのままの状態で買取り提案を行った。
「被相続人と連帯保証人の関係」、「特殊清掃の費用の相場観」、「損害賠償金」、「家賃保証会社」等	相続人：兄 連帯保証人：なし 家賃保証会社：なし 遺品整理、特殊清掃費用：１回目　約100万円 特殊清掃２回目：10万円弱 損害賠償金：なし

（ i ） 不動産買取会社の対応

　自殺が発生した不動産の査定をする場合、自殺一括りではなく、どのように亡くなったかが重要となります。練炭自殺の場合、通常は遺体の損傷が少ないことから、購入者の心理的負担は少し和らぐと考えられます。一方で、本件のように遺体発見まで1か月が経過しているような場合、同じ自殺が発生した不動産であったとしても、孤独死が発生した際の査定の要素を入れる必要があります。

　これは、単純に自殺○％減額＋孤独死○％減額という足し算で減額するのではなく、通常の自殺物件の査定に＋αの減額をするイメージです。

　本件の場合、神奈川県という都市部のマンションであったため、相場からの下落率を15％と想定して買取金額を提示しました。ただし、発見まで時間がかかった関係で、室内全体をリフォームする事業計画となりました。

（ ii ） 売主（相続人）の対応

　売主が特殊清掃業者に直接清掃を依頼する場合は、やり直し保証があるかどうか事前に確認しておくことが重要です。

　本件のケースでは、やり直し保証がなかったために、2回も特殊清掃費用を負担することになりました。

　また、良かれと思って建物を解体して更地にしたり、室内を大規模に清掃しすぎてしまったりする場合があるので、特殊清掃の依頼前に不動産業者に相談し、エリア特性や物件特性から再販売に向けてどの範囲までリフォームを検討するのか、リフォーム工事と一緒に清掃もできないかなどを相談すると、無駄な出費を抑えられる可能性があります。

②　事例6

発生地域	東京都
状況（孤独死、自殺等）	自殺（縊死[いし]）
物件（賃貸、売買等）	一戸建て（売買）
発見者	妻
発見までの経緯等	●発見時期：夏 ●発見までの期間：即時 ●発見の経緯：妻が買い物から帰ってきたところ、寝室のドアノブで夫が縊死しているのを発見。
発見時の状況：遺体の損傷具合等	発見が早く、まだ体が温かい状況であったため119番通報。病院で死亡が確認された。室内の損傷は全くない状態。
当社の立ち位置	本件不動産を仲介にて販売の手伝いを行った。
初動対応、相談の経緯等	本件相談は、新築戸建ての建築後2か月、新居に引っ越してわずか2週間の出来事だった。夫には、建築中からうつ病のような症状が出始め、引っ越し前後の忙しさ、環境の変化などが引き金となり急にうつ病の症状が強くなり今回の事態となった。 まだ子どももいなかったため、妻は実家に戻ることを決意し、売却の相談を開始。近隣の複数の不動産業者に相談をするもすべて断られ、インターネットで調べて見つけた当社ともう1社に声をかけるに至った。
費用負担	清掃等すべて不要
清掃依頼先	不要
現状、今後の対応等	住宅ローンを組んで2か月での自殺は、団体信用生命保険の保険金がおりず不動産売却資金でローンを完済する必要があった。幸いにも、不動産売却資金よりもローン残

	高が多くなったとしても、加入している生命保険でローンを完済できる状況であった。複数の不動産業者から取扱いを断られていた状況であったため、仲介ではなく即買取りを希望していたが、建物が全く損傷していないこと、妻の今後の生活を考えると少しでも高く売却できる方法を選択することが望ましいと仲介の形で売却することを提案した。売却まで半年ほど時間がかかったが、当初買取りで予定していた金額よりも高い金額で売却することができ、大変喜んでもらえた。
「被相続人と連帯保証人の関係」、「特殊清掃の費用の相場観」、「損害賠償金」、「家賃保証会社」等	相続人：妻　　連帯保証人：なし　家賃保証会社：なし 特殊清掃費用等：なし 損害賠償金：なし

（ⅰ）　不動産業者の対応

ポイントは2つあります。

・ポイント①

1つ目のポイントは、仲介で販売するか買取りで提案するかについて、お客様にメリット・デメリットを説明し、正しい選択をしてもらうことです。ここではお客様の個別状況による判断ではなく物件状況としての判断を記載します。まず「その物件に一般のお客様が入れる状況、もしくは売主が費用をかけて入れる状況になるか」が判断の分かれ目となります。

本件のケースでは建物自体は全く損傷がない状態であったため、原則仲介の形で売却を提案していくことが望ましいと考えます。次に精神的な負担です。「少しでも早く落ち着きたい」、「近隣からどう見られているか不安」などです。ここはお金の問題でない部分がありますので、慎重に配慮する必要がありま

す。

・ポイント②

　2つ目のポイントは、新築後すぐの告知物件の売却は通常より少し下がるリスクがあるということです。通常は新築後すぐに売却するケースは少ないのですが、購入者から見ると比較対象物件は新築物件になります。新築を選ぶマインドの顧客と自殺が発生した物件との相性は悪いと感じます。

　本件は人気のあるエリアの住宅街の一角であったため、築後数年から10年程度経過した通常の中古戸建であれば相場の10〜15%の下落を予想しますが、この物件のようにほとんど新築の状態で仕様設備の良い注文住宅の場合、告知がない状態であれば新築に近い価格、もしくは新築建売（注文住宅よりも販売単価が下がる）住宅以上に設定することも想定されます。しかし、実際の取引価格は約30%程度下落して取引されました。この結果には物件的な要素ではなく、同じ自殺が発生した場合でも築年数が浅いほど精神的なマイナス要素が影響したのではないかと考えられます。

（ii）　売主（相続人）の対応

　不動産売却の方法を選択するにあたり、資金の流れ、使用予定、精神的負担の度合い、物件の状況などを考えて総合的に判断する必要があります。優先順位としては、まずは仲介で一般個人向けに販売できないか（できる方法はないか）をしっかり検討し、仲介が難しい場合は買取りという選択肢という順番で検討するのがよいでしょう。

③ 事例 7

発生地域	千葉県
状況（孤独死、自殺等）	自殺（縊死）
物件（賃貸、売買等）	分譲マンション（売買）
発見者	会社の同僚
発見までの経緯等	●発見時期：秋 ●発見までの期間：2日 ●発見の経緯：会社に出勤しないことを不審に思い、同僚が自宅を訪れるも応答なし。その場で親族へ連絡を取り、マンション管理会社立会いのもと入室したところで発覚。
発見時の状況：遺体の損傷具合等	リビング横の洋室クローゼットの中で縊死しているのを会社の同僚が発見。死後2日程度であったため、遺体や建物に損傷は見られなかった。
当社の立ち位置	本件不動産の買取りを行った。
初動対応、相談の経緯	初動対応として、会社の同僚から警察、親族へ連絡。本件不動産には故人が1人で住んでいて、空き家になってしまうため売却の方向で検討したいと相談を受けた。
費用負担	遺品整理：当社
清掃依頼先	不要
現状、今後の対応等	父親が相続人、現地の内覧査定は相続人の娘（故人にとっては姉妹）が立会い。突然のことで、親族全員の精神的ショックはとても大きく、不動産を売却することが必要だと頭で理解していても心がついていかず、買取金額の提示をしてから、約1年後に買取りを行うことになった。

「相続人と連帯保証人の関係」、「特殊清掃の費用の相場観」、「損害賠償金」、「家賃保証会社」等	相続人：父親 連帯保証人：なし 家賃保証会社：なし 遺品整理、特殊清掃費用：なし 損害賠償金：なし

（i）　不動産買取会社の対応

　親族の自殺が発覚した場合、精神的なショックは想像を越えるほど大きなものです。金銭面など何らかの理由で売却を急いでいる場合でない限り、一般的にはすぐに不動産を売却したいという心理にはなりません。相続税の納税や相続放棄といった手続きを検討するためにまずは査定を依頼している場合が多くありますので、遺族の心に寄り添いながら心の整理ができるまで待つ姿勢が必要です。

　ただし、将来的なトラブルを避けるために、査定金額を伝える際は「今」の査定であることを理解してもらうよう、書面に残しておくとよいでしょう。

（ii）　売主（相続人）の対応

　不動産管理会社へ連絡し、連絡先の変更、管理費、修繕積立金の支払手続の変更が必要になります。また、不動産の名義変更や相続税の発生の有無、負債の調査といった相続の手続きが必要になります。不動産は、相続時の評価額と通常取引される際の実勢価格とでは乖離があります。実勢価格を把握するために不動産の査定を不動産業者に依頼しておくとよいでしょう。

（4）殺人の例

① 事例8

発生地域	千葉県
状況（孤独死、自殺等）	殺人（刺殺）
物件（賃貸、売買等）	分譲マンション（売買）
発見者	警察官
発見までの経緯等	●発見時期：秋 ●発見までの期間：2週間 ●発見の経緯：詳細は不明。住人と連絡がとれないと通報があり、警察官が現地を確認し発覚。
発見時の状況：遺体の損傷具合等	同居していた三男が父親を十数か所刺して殺害。発見まで2週間が経過し、遺体の腐敗が進んでいた。
当社の立ち位置	本件不動産の買取りを行った。
初動対応、相談の経緯等	相続人より、「複数の不動産業者に売却相談をするもすべて断られてしまい、処分に困っているため、何とか相談にのってもらえないか」と問合せを受けた。
費用負担	当社（現状での買取り）
清掃依頼先	不明（買取相談の1年前の事件のため、相続人側で実施）
現状、今後の対応等	事件当時、大きくニュースにも取り上げられ、周辺エリアで知らない人はいないほど有名な事件。当社で買い取り、一部リノベーションを行い、最終的に投資家へ販売。 販売完了までの期間は約3か月、通常相場の約半額での取引となった。

「被相続人と連帯保証人の関係」、「特殊清掃の費用の相場観」、「損害賠償金」、「家賃保証会社」等	相続人：長男（犯人は三男） 連帯保証人：なし 家賃保証会社：なし 遺品整理、特殊清掃：不明 損害賠償金：なし

（i）　不動産買取業者の対応

　殺人事件のあった物件の査定は、ニュース等で大きく取り上げられたかどうかが大きく影響します。また、殺害方法や理由なども査定に響きます。

　本件のように十数か所のめった刺しといった凄惨な内容として広く認知された場合、低めの価格設定が必要になります。ただし、賃貸住宅として貸し出すことが可能な物件の場合、利回り次第でスムーズに投資家に売却ができる場合があります。

（ii）　売主（相続人）の対応

　清掃等の対応は通常どおり行ったうえで、まずは賃貸で貸し出せないか検討することをすすめます。ただし、近隣住民との関係や事件の記憶をなくしたいなど、精神的負担が強い場合は売却が必要になります。事件が発生した物件は、取扱いのできる不動産業者がかなり限られますので、事故物件を専門に扱う不動産業者に買取相談をするとよいでしょう。

②　事例9

発生地域	神奈川県
状況（孤独死、自殺等）	殺人（撲殺）
物件（賃貸、売買等）	一戸建て（売買）
発見者	警察官

発見までの経緯等	●発見時期：夏 ●発見までの期間：6か月 ●発見の経緯：母親は2人の息子と3人で暮らしていたが、ある時より長男が行方不明になり警察に捜索願を出していた。約半年後に二男が近隣の飲食店に強盗に入り逮捕、その事件をきっかけに殺人事件が発覚。
発見時の状況：遺体の損傷具合等	二男が長男を撲殺し、1階の和室の畳をめくった床下に埋めていたことが発覚。発見時はほとんど白骨化していた。
当社の立ち位置	本件不動産の買取りを行った。
初動対応、相談の経緯等	相続人より、「不動産業者7〜8社に相談するもすべて断られた。助けて欲しい」と問合せを受けた。
費用負担	当社（現状での買取り）
清掃依頼先	不明（家の中の荷物はすべて処分され、清掃も完了していたため、室内はきれいな状態）
現状、今後の対応等	凄惨な事件内容であったため、ニュース番組等で大きく取り上げられた。 物件は空室できれいな状況であったものの、1階の和室部分は畳がめくられた状態で、地面は人の形で掘られた跡が残っていた。 現状のまま当社で買い取らせてもらい、給湯器を交換する程度でほとんどリノベーションをせずに販売した。 たまたま当社のクライアントが購入を希望され、販売開始から1か月弱で通常相場の約半額程度で取引成立となった。
「被相続人と連帯保証人の関係」、「特殊清掃の費用の相場観」、「損害賠償金」、「家賃保証会社」	相続人：母親（犯人は二男） 連帯保証人：なし 家賃保証会社：なし 遺品整理、特殊清掃：不明 損害賠償金：なし

（ⅰ）　不動産買取業者の対応

　凄惨な事件であったとしても、物件としての魅力がある場合、平気な人は一定数存在する可能性があります。ただし、人口が少ないエリアなどで購入希望者が現れなかった場合、いくら価格を下げても売れないという場合もありますので注意が必要です。

（ⅱ）　売主（相続人）の対応

　相続人である母親は、2人の息子がそれぞれ被害者と加害者になり、かなり大きな精神的負担がありました。このような場合は一刻も早く売却し、気持ちの整理をしていくことが必要だと感じます。

　一般的な不動産業者は、このような事件が発生した物件は取扱いができません。依頼人は、相談するだけでも精神的な負担が大きい中で、連続で断られることによってさらに精神状態が追い込まれていきます。早い段階で事故物件を専門に扱う不動産業者に買取相談をすることをおすすめします。

③　事例10

発生地域	東京都
状況（孤独死、自殺等）	殺人（絞殺）、自殺（縊死）
物件（賃貸、売買等）	一戸建て（売買）
発見者	相続人（娘）
発見までの経緯等	●発見時期：春 ●発見までの期間：当日 ●発見の経緯：前日夕方に母親から自宅に来るようにと連絡があり、翌日娘が自宅に訪れて発覚。

発見時の状況：遺体の損傷具合等	父親が１階で首に電気コードが巻かれた状態で死亡、母親は２階で首を吊った状態で死亡。介護疲れによる殺人と自殺という状況であった。
当社の立ち位置	本件不動産の買取りを行った。
初動対応、相談の経緯等	相続人が相続の専門家に相談をし、その専門家より当社に買取りの相談が入った。
費用負担	当社（現状での買取り）
清掃依頼先	当社
現状、今後の対応等	相続人の意向により、建物は解体することを条件として買取依頼があった。
「被相続人と連帯保証人の関係」、「特殊清掃の費用の相場観」、「損害賠償金」、「家賃保証会社」等	相続人：娘 連帯保証人：なし 家賃保証会社：なし 遺品整理、特殊清掃：当社 損害賠償金：なし

（ⅰ）　不動産買取業者の対応

　本件のように建物を解体して販売する場合、いくらか忌避感はやわらぐと思われますが、どの程度価格に影響するかは、そのエリア次第でしょう。一般的に地方にいけばいくほど下落しやすい傾向があります。

　不動産の査定をするには、殺人と自殺が重なっているため注意が必要です。殺人が最大の下落要因ですが、自殺の影響も一定程度入れて査定する必要があります。その他、殺人の内容や対象不動産周辺の価格帯、地域のコミュニティの状況など総合的に判断する必要があります。

（ⅱ）　売主（相続人）の対応

　売主の立場として建物の解体を希望するかどうかは買取価格に影響がでます。建物が古く事件の内容とは関係なく建替えが必要な場合は影響ありませんが、まだ使用できる建物である場

合は建物の残存価値が査定に反映されず、さらに解体費用相当
分がマイナスされて買取金額が算出されます。精神的負担の大
きさと買取価格の差のバランスを考えて判断することになりま
す。

　以上、事故物件の種類別に事例を紹介しましたが、条件が少し
変わっただけでも対応が大きく変わってくることがおわかりいた
だけるでしょう。

2 状況別の対応（一般的な対応）

　事故物件の種類別に、賃貸、売買の場合について事例を紹介しましたが、次に、賃貸住宅の入居者が亡くなった際の一般的な対応方法を解説します。賃貸人（大家）や不動産管理会社は、事前にこのようなケースを知ることで、不測の事態にスムーズに対応することができると考えます。

（1）孤独死

　発見のパターンで一番多いのは、下記のような出来事をきっかけに近隣の方や、ほかの部屋の入居者、不動産管理会社から入る連絡です。

・臭気や虫（ハエ）の大量発生

・新聞や郵便物がたまっている

・部屋の電気がつけっぱなし

・親族から連絡が取れないと大家または不動産仲介業者に連絡が入る

・賃貸人（大家）または不動産管理会社によって家賃や管理費の滞納が発覚する

---

① 賃貸人（大家）の対応

（ⅰ）緊急連絡先に連絡

　親族以外からの連絡の場合は、まず緊急連絡先や保証人に連絡を入れる必要があります。長期旅行に行っていたり、入院していたりするようなケースもあります。関係者に連絡をとり、入居者の生存確認をしてもらいます。

（ⅱ）　現場確認

　親族からの連絡で発覚した場合や、（ⅰ）の対応で生存確認ができず、現地で臭気や虫などが発生している場合は現場の確認が必要になります。現場に到着し、室外からの確認で明らかに異変が感じられた場合は、入室せず、その場で警察に連絡を入れるようにしてください。入居者が亡くなっていた場合、死亡原因によっては感染症のリスクがあります。また、不用意に入室することで、事件性があった場合、捜査に支障がでる場合もあります。

　親族が近くに住んでいる場合などは、立ち会ってもらうことをおすすめします。死亡が確認された場合は、その後の警察対応や葬儀、特殊清掃によって臭気を抑える近隣対策が必要になります。

（ⅲ）　警察による現場検証

　現場検証のために鍵を開ける必要があります。

（ⅳ）　その後の対応

　親族は突然のことでかなり動揺される場合があります。また葬儀の段取りや親族間での話合いなど決めなくてはいけないことが多く、慌ただしくなります。不動産賃貸人（大家）の立場であれば一刻も早く処理をしたいところではありますが、一旦落ち着いて親族に寄り添いましょう。

　一方で、現場に臭気が発生している場合、不動産賃貸人（大家）、不動産管理会社の立場として最も大事なことは、近隣対策になります。近隣まで臭気の影響がある場合は、悪評が広がるだけでなく、退去リスクも高まります。この場合の臭気対策などは、親族や保証人に費用負担をお願いする必要があります。まずは、一次消臭と臭いが漏れない対策を取り急ぎ行うようにしましょう。

②　相続人と連帯保証人の対応

（i）　死亡届と葬儀

　死亡診断書や死体検案書を受け取ったら、役所へ持参して死亡届を提出します。死亡届は、基本的に「死亡の事実を知った日から７日以内」に提出しなければなりません。孤独死の場合、死後数日が経過してから連絡を受けるケースも多く、死亡診断書を書いてくれる医師を探すのに難儀されるケースも多々あります。できるだけ急いで対応しましょう。

（ii）部屋の清掃

　特殊清掃を行わずに事故物件をそのまま放置してしまうと、発生した悪臭や害虫によって近隣住人に被害が及ぶ可能性があります。そうなると近隣住人から嫌悪されてしまい、賃貸人（大家）や不動産管理会社に苦情が入ることもあるでしょう。苦情が入ったままの状態で物件の賃貸や売買を進めても、近隣住人から嫌悪されている物件に住みたいと考える人は多くはいませんので、仮に契約できたとしても、借主が住んでいる物件の影響で、近隣住人と上手く付合いができなくなり、すぐに退去してしまう可能性があります。また、特殊清掃を入れなかったことが原因で退去した場合、入居者から訴訟を起こされる可能性も考えられます。

③　特殊清掃

　孤独死した場合には部屋の清掃をしなければなりませんが、清掃の際には細菌感染する可能性もありますし、消臭や消毒なども行う必要があり、相続人や賃貸人が自分で対応するのは困難となるでしょう。通常は「特殊清掃業者」という専門業者を手配する必要があります。特殊清掃業者は専門の装備を備えたうえで、特殊な薬剤などを使って消臭、消毒、清掃をしていきます。

（ⅰ）　特殊清掃の内容

- ・遺体によって発生した汚れや悪臭の清掃および消臭
- ・室内の消毒
- ・室内にわいている害虫の駆除
- ・遺品整理および廃棄物の撤去

（ⅱ）　特殊清掃の費用相場目安

間取り	金　額
１K	70,000 円〜
１DK	70,000 円〜
１LDK	95,000 円〜
２DK	110,000 円〜
２LDK	130,000 円〜
３DK	150,000 円〜
３LDK	180,000 円〜

※首都圏の費用を想定。解体工事が伴う場合は金額が変わります。

④　賃貸借契約の清算

　亡くなった方が賃貸住宅を借りていた場合、賃貸借契約の清算も行わなければなりません。滞納家賃があれば、相続人にも法的な支払義務が及びます。ただし保証会社や連帯保証人がついていれば、支払ってもらえる可能性があります。原状回復については、特殊清掃業者に依頼して清掃をして明渡しをしましょう。賃貸人（大家）がフルリフォームを希望する場合、費用については基本的に相続人が負担する必要はありません。

⑤　遺品の受取り

　部屋の中に遺品が残っていた場合、物件を明け渡さなければならないので、そのままにしておくことはできません。持ち帰って遺品の整理をしましょう。

⑥　相続放棄の検討

　もしも亡くなった方に借金、滞納家賃や滞納税などの負債が
あって相続したくない場合には、相続放棄が可能です。ただし、
預貯金や動産などの相続財産を少しでも受け取ったり処分したり
すると、相続放棄はできなくなります。

※注意点：賃貸住宅における賃借人の孤独死の場合、原状回復工事に多
　　　　　額の費用がかかることから相続人が相続放棄を選択するケー
　　　　　スは少なくありません。相続放棄をした場合、残置物の撤去
　　　　　や原状回復工事ができないだけでなく、家庭裁判所に相続財
　　　　　産管理人の専任申立てを行い、管理人との間で賃貸借契約解
　　　　　除の合意ができるまでは、次の賃借人の募集を行うこともで
　　　　　きなくなります。

　よって、不動産業者としては、相続人の気持ちに寄り添い、不
安の解消につながる提案ができるように、相続手続や特殊清掃、
遺品整理などを安心して任せられる企業を選定しておくとよいで
しょう。また、残置物の処理等に関する契約を締結しておくなど
の対策も有効です。

⑦　その他

　絶対ではありませんが、お寺に供養、神社にお祓いをしてもら
うことで、次の借主に安心感を与えることになるでしょう。

　当社の場合は、事故物件の対応依頼があった際、お寺での供養
か神社でのお祓いの希望の有無を確認します。希望があり、特に
どちらかの指定がない場合は、お寺を案内しています。供養の依
頼があった場合は、数日後に日程調整のうえ実施します。供養代
金は依頼先によっても異なりますが、およそ4〜5万円程度が一
般的で、当日現金でお支払いしてもらいます。それ例外は手ぶ
ら、普段着での参加が可能です。供養依頼のあった遺族の方から

は、気持ちの区切りがついたという声をいただくことがあります。

　また、買主・借主の方から、「事故物件でもご供養されていたら安心して住める」という声も多く受けます。お祓いや供養をすることで目に見えて何かが変化するわけではありませんが、そもそも事故物件自体が心理的な負担で敬遠される存在ですので、お祓いや供養を通して心理的にケアをすることで、より前向きに生活していくことができるのでしょう。

（2）事故死

　事故死の場合は、事故の状況によって大きく異なります。代表的な事故死としては、火災があげられます。火災の場合は孤独死や自殺と違い、事故の内容が近隣の方に周知されることが特徴です。隣接建物を含めた火災の被害状況、臭気の除去などの対策が必要になります。相続人の対応は、孤独死の場合と同じです。

　火災保険の加入の有無を確認し、まずは住める状況にしていくことが先決です。入居者が借家人賠償保険[6] に加入している場合は　賃貸人（大家）は賠償金を受け取ることが可能です。

　火災によって建物の被害は大きくなりますが、その分内装は一新できるため、割り切って新たな気持ちで募集してよいと思われます。中には、内装が完全にきれいになっていれば気にならないという人も存在します。

6　借家人賠償責任補償保険のことで、賃貸住宅にかかわる保険をいう。賃貸住宅や賃貸アパートを契約する際、不動産仲介会社や管理会社、大家から火災保険への加入を勧められたり、保険加入が部屋を貸す条件になっていたりする。賃貸住宅の契約時に加入する「火災保険」というのは、「家財保険」と「借家人賠償責任保険（借家人賠償責任補償）」がセットになっていたり、火災保険に特約として付加されていたりする（保険会社や保険商品によって仕組みは異なる）。

（3）自　殺

　自殺の場合、発見が遅れることがあります。発見が遅れた場合は、孤独死の場合と同じ対応になります。ここでは発見が早い場合を想定しています。

　発見が早い場合とは、同居の家族が発見するケース、異変を感じ取っていた親族や友人、職場や学校に来ないことで発覚するケースなどがあります。

①　現場確認

　自殺の場合は、関係者が既に異変を感じ取っているケースが多いため、依頼を受けて鍵を開けるところからスタートします。その際に注意しないといけないことは、保証人や親族の許可、もしくは警察の立会いのもと鍵を空ける必要があるということです。ただし、生命の危険が迫っている場合など緊急を要する場合は、臨機応変な対応が必要です。

②　その後の対応

　孤独死の場合と同じく、残置物撤去と原状回復、賃貸借契約の解除が必要になります。自殺の状況と発見までの時間によっては特殊清掃が必要になる場合もあります。

　参考までに、自殺の場合は物件としてダメージを受けていないことが多いのが特徴です。一方で、孤独死と比べて精神的な忌避感が強く存在します。だからこそ、供養、お祓いをし、壁紙を変えるなどして建物のイメージを変えていくことで次の入居者が決まりやすくなります。相続人の対応は、孤独死の場合と同じです。

（4）殺　人

　筆者が接客した中では、殺人のあった不動産への忌避感が一番強いと感じます。実際に顧客以外の一般の方と話していても、「殺人事件があった不動産だけは絶対に無理」という声を聞きます。殺人があった場合は、発見が早く建物への被害は少ないものの、新聞やTVなどでニュースになったケースが多く、かなりの人に「事件のあった不動産」という認知が浸透します。

　基本的な対応は、他のケースと同様ですが、しっかりと供養、お祓いをしておくことをおすすめします。供養、お祓いの効果測定はできないものの、心理的瑕疵自体が気持ちに大きくかかわるものなので、精神面で安心できる材料をそろえることが重要です。

　参考までに、成仏不動産サービスとしては、事件の加害者自身が売主の場合は扱わないというポリシーを持っています。当社は、事故物件になって困っている人を助けたいという想いで事業をしており、事件を起こした張本人は自業自得であるという判断をしています。一方で、事件の被害者が売主や貸主の場合は、よりお困り度合いが高いケースが多いため、持てる知識、技術、人脈を通じて全力で取り組んでいきたいと考えています。

　殺人事件があった不動産であっても全く気にしないという海外の方はいらっしゃいます。国内目線だけでなく、広い目線で募集をすることで、きっと入居者は見つかるはずです。

3 イレギュラーなケースへの対応

　事故物件への対処方法について、事例をあげながら解説してきましたが、まだまだ多くのイレギュラーなケースがあります。事故物件に関して当社宛によく質問をいただく内容をもとに、山村弁護士に解説してもらいます。

Q1 死亡事故により発生した費用はどこに請求したらよいでしょうか？

A1.

　基本的には以下の3つの請求先があります。

① 連帯保証人・家賃保証会社

　家賃の未払い分は、賃貸契約時に設定した連帯保証人または家賃保証会社に請求できます

② 故人の相続人

　賃貸契約は人が死亡しても解除されないため、相続人が賃貸借契約者の地位も相続します。このため未払いの賃料や契約解除までの賃料は、故人の相続人に請求できます。死亡事故が賃借人の自殺などの場合には、賃借人の相続人に事故物件となったことの損害も請求できる可能性があります。

③ 事件性があった場合は加害者

　事件性があり、著しく損害を受けた場合は、裁判により犯人に損害賠償請求することもできます。ただし、弁護士費用等の訴訟費用の負担があることと、犯人に資力がなければ回収できないことも多々あります。

　また、保険会社の火災保険の特約に「孤独死保険[7]」を付けていた場合で、死因が孤独死だった場合は、損害が補われる可

7　孤独死保険は貸主、借主それぞれが加入できる（第7章）。

144

能性もあります。

Q2　自殺と孤独死で請求できる・できないは変わりますか？

A2.

変わります。

損害賠償金を算出する際に考慮される内容は、以下のとおりです。

・逸失利益

逸失利益は、入居者の死亡により「事故物件にならなければ大家や管理会社が受け取る予定だった利益（売却益や家賃）」をもとに算出されます。例えば、「次の入居者が決まるまでの空室期間に本来発生していた家賃」「家賃減額による損失の差額」などをもとに金額が決まります。ただし、裁判例の傾向としては、売却価格が下がったことについての損害は認められづらい傾向にあります。

・原状回復

部屋の状態を入居前の水準まで回復させるために必要な費用のことです。特殊清掃に係る費用などが該当します。

原状回復費用や逸失利益分が請求できないケースは、次の2つです。

・自然死（老衰や病死などによる死）
・突然死（物件内での転落、転倒、誤嚥などによる事故死）

こうした死は通常生活の中で起こり得る死因であるため、原状回復費用や逸失利益分の請求は難しいでしょう。ただし、自然死などであっても「遺体発見までの期間が長く大規模なリフォームが必要になった」などの場合、損害賠償の支払いは変わらず発生しませんが、リフォーム費用の負担が必要なケースもあります。

一方、自殺は、入居者の「故意」による死亡ですので、貸主

ではなく、入居者側（相続人）に支払義務が生じます。賃借契約は、賃借人である借主の死亡によっては終了しません。借主が死亡した場合には、民法896条により、借主の相続人に賃貸借契約における借主の地位が引き継がれることになります。

<賃借人の自殺で注意義務違反により損害賠償が認められた裁判の判例>東京地裁平成19年8月10日（平成19年（ワ）第4855号）世田谷単身者向けワンルーム203号室賃借人自殺事件

→　賃貸人が賃借人に対し、賃料月6万円で本件貸室について賃貸借契約を締結していたところ、賃借人が本件貸室内で自殺したため、本件貸室や本件建物内の他の部屋について賃料を減額して賃貸しなければならないことになるとして、賃貸人が賃借人の相続人である母及び連帯保証人に対して債務不履行に基づく損害賠償請求等をした。

Q3 他殺の場合はどうなるのでしょうか？

A3.

　他殺の場合は、請求できません。

　他殺の場合は、被害者側（入居者）の意思に関係なく亡くなります。入居者の意思とは関係ないため死因に関して「本人に過失なし」と判断され、遺族への損害賠償請求はできません。遺族への損害賠償請求ができないうえ、他殺の内容が世間へ大きく報道されるとイメージが低下し、賃料や売却費用に大きく影響します。

Q4 請求できる損害賠償の額はどのくらいですか？

A4.

　支払金額については法律で具体的には定まってはいません。

　したがって、その賃貸物件の間取りや立地、流動性などをもとに裁判所で判断することとなります。

　自殺の場合の原状回復については、自殺が起こった箇所の修繕や交換などは認められる傾向にありますが、近年の裁判例では自殺によって生じた心理的瑕疵（血が部屋の各所に飛び散ったなど）については逸失利益で考える部分であり、原状回復で考えるべきではないとするものがあります。

　つまり、室内で自殺が起こって一般の方が嫌悪するような状況であっても、遺族などが自分たちで清掃したり、専門の業者を入れてクリーニングを行ったりして、血液の跡などをきれいに除去しているなら原状回復の義務を果たしたと考えて、貸主側からの過大な原状回復は認めないということです。

　賃貸物件で自殺が起こった場合の多くの貸主が、逸失利益とともに室内のフルリフォームに必要な原状回復費を請求してきますが、必ずしもその請求全額が認められるというわけではないということが、ここからわかるでしょう。

Q5 原状回復の費用は現実的に回収可能なのでしょうか？

A5.

　回収には相続人や連帯保証人の資力が関係します。

　支払ってもらえない場合は、相続人や連帯保証人の預貯金や給与収入、不動産等が差押対象になるのが一般的です。ただし、預貯金に残高がなかったり、既に退職していたりした場合、差押えが功を奏さないこともあります。不動産についても、優先する抵当権が設定されていては回収が困難となるでしょう。

Q6 家賃値下げによる損害を相続人や連帯保証人に請求できますか？

A6.

　自殺の場合、通常、連帯保証人に対する家賃値下げによる損害の請求は認められます。

　家賃値下げによる差額のおよそ2年間分の損害について連帯保証責任が発生するとした事例や、事故後1年については賃料全額分、その後2年間については賃料半額分が損害であると判断された事例などがあります。

Q7 遺族（相続人）がいない場合にはどうなるのでしょうか？

A7.

　相続人がいない場合で死亡した賃借人に相続財産がある場合には、相続財産管理人[8]に対して損害賠償請求の訴えをすることが考えられます。

　ですが、この場合、裁判費用などがかかり、費用を回収できないおそれがあります。相続人以外にも賃貸借契約の連帯保証人に対しても損害賠償請求や原状回復請求ができますので、借家の賃貸人としては、連帯保証人を相手にこれらの請求をする方が費用を回収できることもあるかと思われます。

Q8 相続人が複数いる場合、分割で支払うことは可能ですか？

A8.

　損害賠償金には「不可分債務[9]」が適用されるため、相続人

8　相続人が明らかでないとき（相続人全員が相続放棄して、結果として相続する人が誰もいなくなった場合も含む）、亡くなった人に代わって亡くなった人の財産から債権者等に対して借金等の支払い清算をする人。

9　複数での分割ができない債務を指す。例えば不動産の場合「持ち家を3人の子供に相続させる」というケースにおいて、持ち家を3分割することは物理的に不可能。

同士で分割し支払うことができません。

　分割が不可能な場合は、換価分割（財産の売却益を分割する）や代償分割（財産の受け取り手が分割相当分を現金で他の相続人に支払う）などで対応します。

　実際には相続人同士で賠償金を出し合ってもよいのですが、最終的な貸主側への支払いについては、分割せずしっかりまとめて支払わなければなりません。共有名義となっている物件の場合は、共有者が各持分に応じた金額を支払う必要があります。

　そのため、賃貸人としては、損害賠償の請求は、相続人の1人にすれば足りるということになります。もっとも、賃貸借契約を解除によって終了する場合には、民法544条1項により、相続人全員に対してのみすることができます。そのため、賃貸人は相続人全員に対して解除を主張しなければなりません。

　したがって、既に解説したとおり、残置物を処分する場面で賃貸借契約を終了させる合意についても合意解除となるため、賃貸人としては相続人全員に対して同意書をもらう必要があります。

Q9 相続放棄された場合はどうなるのでしょうか？

A9.

　相続の放棄をした者は、初めから相続人とならなかった者とされるため（民法939条）、借家の賃貸人は、相続の放棄をした者に対しては、賃貸物件に関する損害賠償請求をすることはできません。

　相続人は、何も手続きをしなければ故人の死後も故人の権利義務をそのまま承継することとなります。しかし、相続人が「相続放棄」の手続きを取ることによって、故人が負っている

賠償義務を負わなくてもよくなります（相続放棄を有効にするには、相続発生後3か月以内に家庭裁判所へ申述する必要がある）。

Q10 連帯保証人は相続放棄できますか？

A10.

賃貸契約の際に「連帯保証人」となっている場合は、たとえ「相続放棄」の手続きをとったとしても連帯保証人としての義務は残ります。

賠償請求は連帯保証人[10]にも請求できることになっています。ところが、連帯保証人は相続人を兼ねていることも多く、その場合に相続放棄をされてしまうと、保証人といっても資力がなければ、結果的に請求できないケースも少なくありません。

Q11 連帯保証人を立てずに保証会社を利用している場合はどうなりますか？

A11.

最近の賃貸借契約では家賃の保証会社と契約して連帯保証人を立てないケースも増えてきています。この場合、一般的に相続人は連帯保証人とはなっていないため、相続人自体は、相続放棄によって賠償義務を免れることができます。

---

10 連帯保証人は賃貸契約の契約年月日に注意。2020年4月1日以降の賃貸契約には改正民法が適用されることになり、連帯保証人には負担すべき上限金額が設定されることになった。上限金額は「極度額」として示される。必ずしもこの上限金額を支払うわけではなく、借主本人が死亡した時点での未払賃料等を支払うこととなる。
　借主本人が死亡した時点で未払いの賃料等がなければ、通常の退去と同様の原状回復費等を支払う義務しかないことになる（自殺の場合は別）。

Q12 自殺の場合、遺族や連帯保証人に隣室や階下の損害も負ってもらえるのでしょうか？

A12.

結論から言うと「原則負わなくてよい」となります。

賃貸物件で自殺が発生した場合、遺体の状況や自殺の態様によっては貸主側から、隣室や階下の次の入居者へ自殺があったことを伝えなくてはならず、入居者が決まらないことが予想されます。「○年分の家賃を補償して欲しい」と貸主が交渉するケースがあるようですが、遺族や連帯保証人は原則としてそこまでの負担を負う必要はないとされています。

Q13 「相続人がいない」「相続放棄された」という場合、賃貸人は何ができるのでしょうか？

A13.

この場合、相続人はいないが相続財産があるような場合には、相続財産管理人[11]への訴えなどで対応ができる可能性があります。相続放棄やそもそも相続人がいない状況では、相続財産管理人を選任して損害賠償請求が可能です。

11　家庭裁判所での選出が必要。家庭裁判所への手続きには書類が必要となり費用も発生するため、相続財産管理人への請求は手間がかかる。

相続財産管理人が選出されてからは、2か月後に相続財産の債権者・受遺者を確認するための公告がされ、さらに2か月経過後は相続人を探すための公告（6か月以上）が行われる。

Q14 引っ越してきたばかりの入居者が近隣者から「あなたが住んでいる物件は幽霊が出る」と聞き、実際に入居者が幽霊を見て心理的に被害を受けていると訴えてきました。この場合、化学的根拠はないので法律的にも認められないと思うのですが、法的な解釈ではどうなるのでしょうか？ また、入ってくる入居者が皆、「幽霊が出た」と言って退去が続く場合、不動産業者に告知義務はあるのでしょうか？

A14.

　自殺、事故、殺人といったような過去に事故物件となり得る事実があるかどうかによって変わってくると思います。過去にこのような事故物件となる原因がある場合には、「幽霊を見た」ことではなく、その過去の事故物件となった原因が、今もなお「嫌悪すべき歴史的背景」として影響を与えている（＝事故物件として扱う必要がある）といえる可能性が高そうです。この場合に、「幽霊が出た」と言って退去が続くようなら、３年を経過していても、告知義務の対象と考えたほうが無難でしょう。ガイドラインの３年というのは一つの目安であり、周辺の噂や地域への影響力によっても、裁判例では心理的瑕疵の判断の考慮要素とされているからです。

　ただ、全く根も葉もなく、純粋に噂がでているだけであれば、全く事実的な根拠もないので、法的には事故物件として扱わずともよいかと思われます。

Q15 ある不動産業者から「押入れにお札が貼られている物件は実際に何かある」と聞きましたが、不動産業者の中でよくある話です。不動産業者もそのお札に触れるのは怖いので、多くの方がはがしません。例えば、入居者がそのお札を見つけてしまい、Google 検索したところ、「その物件に幽霊が出るからお札を貼っている」と知った場合、不動産業者には何か訴えられるリスクなどが発生するのでしょうか？

A15.

　これも同様で、何らの根拠がない、「幽霊の噂」と「御札」だけでは、特に事故物件として扱い告知義務は不要だと思います。もっとも、何らかの事故物件になり得る事実関係がある場合には、前述のように慎重に判断していくべきでしょう。

Q16 自宅で妻が夫を包丁で殺害しようとしたところ、夫が家の外へ逃げ、妻が追いかけていき、最終的に殺害が起こったのはその家からある程度離れた道路上でした。この場合、「事故物件」として告知しなければならない理由として、近隣住民が知っているので、後々次の入居者に伝わる可能性があり、告知しなければ後々訴えられるリスクがあると考えられますが、法律的な解釈はどうなるのでしょうか？

A16.

　例えば、ベランダや廊下等、居室と密接な関係性がある場所での死亡であれば、事故物件として扱われてきた裁判例が存在します。ただ、本ケースは、殺人事件と重大な事件ではありますが、「ある程度離れた道路上」で最終的な殺害が起こっているので、空間的な連続性がほとんどなく、事故物件、心理的瑕疵物件となる可能性は低いのではないかと思われます。特に、部屋に居住できればよい賃貸借であれば、問題ない可能性が高いでしょう。

他方、売買によって取得する場合には、「近隣に殺人事件が生じた家」と判明していることで、次の買主が付きづらいとか、近隣住民から噂される関係性自体が、「嫌悪すべき歴史的背景」とされる可能性があるので、売買の際には、「告知義務」があるかはさておき、「告知しておくほうがよい」でしょう。

Q17 今回策定されたガイドラインは居住者用がメインになり、企業が入るビル系の場合には触れられていません。ビル系の事故物件で何か特筆すべきことはありますか？

A17.

　事業用のビルでは、裁判例の傾向としても、心理的瑕疵＝事故物件であることの損害は認められづらい状況にあります。住居と異なり、基本的に心理的嫌悪感の影響を受けづらいと考えられているからです。参考になる裁判例があるわけではなく、私見にはなりますが、オフィスビルであっても、例えば、配送のための荷物置場等で、人が生活空間として利用する頻度が低いほど、心理的瑕疵が認められる可能性が下がると言えるでしょう。

　他方、事務所兼住居であれば、居住用物件と同様に考えるべき場合もあるでしょうし、例えば、幼稚園のような人の生活スペースとして利用するような場合には、心理的瑕疵の判断は厳格になされるのではないかと思われます。

第4章

不動産の評価
への影響

本章では、自殺や殺人事件等の心理的瑕疵のある事故物件について、その鑑定評価方法と減価の程度について裁判例を用いて検討していきます。事故物件の鑑定評価方法や減価の程度の考え方について、公式な公表物は存在せず、不動産鑑定士によっても見解の分かれる部分ではあります。以下は、筆者の経験や事故物件を数多く取扱う不動産鑑定士からのヒアリング、裁判例等の分析を基にした実務上の考え方の一つであり、私見を含むことを申し添えます。

　ここでは具体的な検討に入る前に、本章で取り扱う事故物件という用語の意義について触れておきます。事故物件という用語の意義は不動産鑑定評価基準には定められていませんが、競売不動産評価においては、以下のとおりその意義が定められています。

●競売不動産評価における事故物件の意義

「事故物件（自殺、殺人又は死後相当期間経過後に遺体が発見された物件等）」

（出典：大阪地方裁判所民事執行研究会編『大阪地方裁判所における競売不動産評価運用基準』（判例タイムズ社）70頁）

「事故物件とは、競売の目的物件の内外で自殺や殺人事件等の不自然死があったことにより、買受希望者の心理的側面から買受の申出を躊躇すると予測される物件をいう。
（中略）
いわゆる孤独死の場合には、自殺や殺人等の不自然死とは異なるものであるが、死後の放置時間や物件への物理的影響の有無等によっては、心理的側面から買受けの申出を躊躇することがあり得る。」

（出典：東京競売不動産評価事務研究会編『競売不動産評価マニュアル』（判例タイムズ社）97頁）

　競売不動産評価においては、自殺や殺人事件のあった物件だけでなく、事件性のない孤独死であっても死後相当期間経過後に遺体が発見された物件も事故物件に含まれます。これは、「自然死や日常生活の中での不慮の死が発生した場合であっても、取引の対象となる不動産において、過去に人が死亡し、長期間にわたって人知れず放置されたこと等に伴い、いわゆる特殊清掃や大規模リフォーム等が行われた場合においては、買主が契約を締結するか否かの判断に重要な影響を及ぼす可能性があるものと考えられるため、宅地建物取引業者は買主へその事実を告知しなければならない」（国土交通省『宅地建物取引業者による人の死の告知に関するガイドライン（令和 3 年 10 月）』）とされている点からも読み取れますが、いわゆる腐乱死体の場合は異臭・染み等が激しく、周辺住民にも知れ渡っている場合があり、特殊清掃等をしたとしても買主にとって心理的嫌悪感が残ることになります。

　以上より、本章でも自殺や殺人事件のあった物件だけでなく、事件性のない孤独死であっても死後相当期間経過後に遺体が発見された物件も事故物件に含めることとしています。

　また、事故物件にも居住用不動産と事業用不動産がありますが、本章では、特に事故物件であることが買主の取引意思決定に影響を及ぼす度合いの高い居住用不動産を取り扱うこととします。

1 事故物件市場と鑑定評価の関係

（1）事故物件市場の概要

　一概に事故物件の鑑定評価といっても、どの市場における事故物件を評価するのかによって評価の考え方も異なります。

　事故物件市場の概要を示すと**図表4-1**のとおりです。一次市場の代表例が競売市場ですが、ここは、主に事故物件を取り扱う不動産業者が事故物件を仕入れる市場になります。事故物件を仕入れた不動産業者は、事故のあった建物を取り壊して更地化したり、建物内部の特殊清掃・リフォーム等を行い、一般市場で一般顧客向けに販売をかけます。図には示していませんが、心理的瑕疵の程度が強く、一般市場で販売困難な場合、不動産業者が建物を取り壊して駐車場等として賃貸している場合もあります。また、心理的瑕疵の程度が小さい場合には当初所有者・その親族等が直接一般市場に売りに出す場合もありますし、事故物件の隣地所有者が購入する場合もあります。

■図表 4-1　事故物件市場の概要

（2）競売市場における事故物件の評価

　競売市場における出発点となる価格（売却基準価額）は、評価人である不動産鑑定士の評価額をもとに裁判所が定めます。すなわち、競売市場における不動産の評価は、この売却基準価額を求

めるために行われるものであり、評価書は不動産競売物件情報サイト（https://www.bit.courts.go.jp/app/top/pt001/h01）にて一般公開されています。

　ここで、競売市場における事故物件の評価過程を示せば**図表4-2**のとおりです。

■図表 4-2　競売市場における事故物件の評価過程

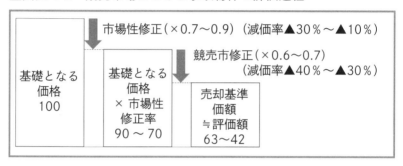

　まず、一般の不動産鑑定評価と同様、不動産鑑定評価基準を適用して、事故物件という心理的瑕疵がない場合に一般市場で成立する価格（基礎となる価格）を査定します。

　次に、事故物件という心理的瑕疵の存在により市場性が相当減退する点を考慮し、一般市場で一定期間内に売却可能な価格水準まで市場性修正を行います。この市場性修正率については、「通常、1 項目について 10%～30%程度の修正が多いが、土壌汚染のリスクが高い場合等の特殊なものや、複数の要因が認められるものについては 50%を超える場合もある」（全国競売評価ネットワーク『競売不動産評価の理論と実践〔第 2 版〕』（金融財政事情研究会）265 頁）とされています。市場性修正は一括した不動産について行われるものであり、事故物件が戸建住宅やマンションなどの土地建物一体の複合不動産の場合、土地と建物それぞれで異なる市場性修正率が用いられることはなく、基本的には同一の率が用いられてい

ます。市場性修正後の価格水準は、基礎となる価格を100とすると、約90〜70となります。

　最後に、競売市場特有の減価要因を反映する目的、および、不動産業者が取得して採算の合う価格を算出する目的から競売市場修正を行います。競売市場修正率の内訳としては、「明渡しに要する費用、心理的減価並びに内覧制度によるほかは物件内部の確認が直接できないこと、瑕疵担保責任の追及が事実上困難であることによる減価、転売経費（登記費用、登録免許税、不動産取得税、販売費、管理費等）、取得から転売までの支払金利、業者利潤に相当する金額」（全国競売評価ネットワーク『競売不動産評価の理論と実践［第2版］』（金融財政事情研究会）34頁）があげられます。また、競売市場修正率の水準としては、「大都市圏では60％〜70％（減価率40％〜30％）が多いが、市況の悪い地域では50％前後となる場合もある」（前掲書35頁）とされています。競売市場修正後の最終的な評価額（売却基準価額）の水準は、基礎となる価格を100とすると、約63〜42となります（地方圏だとさらに低下する可能性がある）。

　最終的に競売市場で不動産業者が事故物件を競落する価格は、業者間の競争を通じて売却基準価額よりも高値となる場合も多いのですが、あくまでも競売市場における事故物件の評価額としては、事故物件でない場合に一般市場で成立する価格の約50％程度（減価率約50％程度）の水準になります。

（3）一般市場における事故物件の評価

　競売市場における不動産の評価目的と異なり、一般市場における不動産の評価目的は依頼内容によって各種様々ですが、一般市場における不動産の鑑定評価は、不動産鑑定評価基準を適用して行います。

　ただし、不動産鑑定評価基準（公表されている実務指針等を含む）には、事故物件の鑑定評価について具体的な言及はなく、実務上その難易度は高いといえます。特に、個々の物件ごとに事故内容が異なり非常に個別性の強い事故物件について、減価率をどのように査定するのかが非常に悩ましい問題となりますが、土地のみを対象とした減価率の査定方法として、以下４つの手法が示されています。

---

①　第１手法：「忌み」施設から当該減価率を査定する手法
　　「死」にまつわる点で「忌み」としてとらまえられることから、「忌み」施設（墓地・霊園・斎場・火葬場）が市街地の価格に与える影響から土地の減価率を査定する。
②　第２手法：競売における市場性減価から当該減価率を査定する手法
③　第３手法：不動産業者に対するヒアリング調査ならびに売買実例から当該減価率を査定する手法
④　第４手法：裁判例から比較して当該減価率を査定する手法

（出典：宮崎裕二他『新版 不動産取引における心理的瑕疵の裁判例と評価』（プログレス）247頁）

①　第１手法

　第１手法について、「忌み」施設が対象不動産周辺に存在する場合の地域要因に基づく減価率を把握するのに土地価格比準表が役立ちます。変電所、ガスタンク、汚水処理場、焼却場等の「忌み」施設が対象不動産の周辺に存在する場合の減価率について、住宅地の地域種別ごとに以下のとおり定められています。例えば、標準住宅地域と優良住宅地域における「忌み」施設に係る減価率を示せば、以下のとおりです。

標準住宅地域：▲１％〜▲５％
優良住宅地域：▲５％〜▲20％

（出典：地価調査研究会編『土地価格比準表 七次改訂』（住宅新報社）25頁、37頁）

　対象不動産周辺に「忌み」施設があるという地域要因に基づく上記減価率を、対象不動産である土地そのものの減価率にそのまま準用することはできませんが、どちらも心理的嫌悪感に起因する減価である点は共通しているため、土地の場合の減価率を検討するうえで参考にはなると思われます。

②　第２手法

　第２手法について、競売市場における市場性修正率は、「通常、１項目について10％〜30％程度の修正が多いが、土壌汚染のリスクが高い場合等、の特殊なものや、複数の要因が認められるものについては50％を超える場合もある」（全国競売評価ネットワーク『競売不動産評価の理論と実践［第２版］』（金融財政事情研究会）265頁）とされています。10％〜30％といった範囲が示されているので、これも減価率を検討するうえで参考となります。なお、競売市場修正率は、あくまでも競売市場特有の減価要因を反映するためのものですので、一般市場における事故物件の減価率の査定では考慮すべきではありません。

③　第３手法

　第３手法について、対象不動産と類似する事故内容の存在を前提とした売買事例が複数入手できれば実証的な減価率の査定方法となりますが、一般市場における事故物件の流通量も決して多くないため、不動産鑑定士自身、日頃から事故物件を専門に取り扱うような不動産業者との連携を強めておかないと、いざというときにそうした情報を収集するのは非常に困難であ

ると思われます。

　また、仮に売買事例が入手できたとしても、事故物件の売買事例には取引当事者の個別事情が介在している可能性が高く、それら事情の内容を把握して適切に事情補正できない以上、この手法からアプローチするのは非常に困難であると想定されます。

④　第４手法

　第４手法について、ここでいう減価率の査定に役立つ裁判例とは、買主が事故物件とは知らずに購入し、購入後に事故物件であることが判明したことに伴い、改正前民法570条の隠れた瑕疵に該当するとして買主の売主に対する損害賠償請求が認められた事案です。裁判で認められた損害額がその売買の目的とされた事故物件の減価額と考えられます。第３手法と異なり、取引当事者間での個別事情や主観が介在しない裁判所の損害額の認定に基づくため、客観的な手法ではあります。いざ評価するときに対象不動産と類似する事故物件の裁判例を見つけ出せるように、不動産鑑定士自身、日頃からこれら裁判例を収集・分析しておく必要があります。

　実務上は、上記４つの手法を適用する前段階として、対象不動産である事故物件について念入りに調査を行い、その調査結果を踏まえて上記４つの手法の中から適用可能な手法を適用して減価率を査定していくのが有効と考えます。そこで、以下、事故物件固有の調査項目について解説し、その後に４つの手法のうち第４手法に役立つ裁判例を紹介し、事故物件の鑑定評価方法や減価の程度について検討していきます。

2 事故物件固有の調査項目

　不動産の鑑定評価にあたり、不動産鑑定士は、机上調査、役所調査、現地調査を順次行いますが、事故物件であってもそれは変わりません。ただし、事故物件という心理的瑕疵に基づく減価の程度を把握分析するために、事故物件固有の調査が求められます。

　競売不動産評価における事故物件の調査項目として参考となる記載がありますので、以下引用します（下線は筆者）。

　「減価率判定のためには、<u>売却を困難としている要因を排除、改良し、機能を再生することの可否、それに係る期間及びその要因を改善するための費用</u>を要する場合にはその費用についても検討すべきである。

　そこで、事故物件については、以上の要因を総合的に勘案して、原則として、30％を上限とする割合による減価を行う。」

（出典：大阪地方裁判所民事執行研究会編『大阪地方裁判所における競売不動産評価運用基準』（判例タイムズ社）70頁）

　「目的物件内での不自然死が判明している場合には、原則として市場性修正による減価を行う。目的物件外での不自然死については、目的物件と自殺等の現場が接近していること等により、建物の交換価値の減少をきたしていると認められる場合には、市場性修正において減価をすることができる。減価の程度は、<u>不自然死があった時からの経過年数、不自然死の態様、周囲の環境等</u>を総合的に考慮して、個々の事案に応じて判断する。」

（出典：東京競売不動産評価事務研究会編『競売不動産評価マニュアル』（判例タイムズ社）97頁）

　競売不動産評価における調査項目、筆者の経験、および、事故物件を専門的に取り扱う不動産鑑定士からのヒアリング等を基に、一般市場における事故物件の鑑定評価を行う際の事故物件固有の調査項目としては、主に以下のような項目があげられます。不動産鑑定士は対象不動産の典型的な需要者（買主）の視点に立って価格形成要因を分析することとされているため、特に調査にあたっては、買主の視点で行う必要があります。

①　事件・事故の起こった建物の存否

　一般的に、事件・事故が建物内で起こった場合、当該建物が取り壊されて更地化されているほうが、当該建物が現存している場合に比べて、買主の心理的嫌悪感の程度は小さくなります。ただし、マンションの1室で事件・事故が起こった場合、マンション1棟を取り壊すことは現実的に不可能なため、基本的には戸建住宅の場合の調査項目になります。

②　事件・事故の起こった場所

　事件・事故が起こった場所によっても買主の心理的嫌悪感の程度は異なります。単純に建物内外だけでなく、例えばマンションであれば、専有部分内、共用部分（共用廊下、エレベーター、エントランス等）、敷地内（駐車場等）のどこで事件・事故が起こったのかを確認する必要があります。

③　死　　因

　死因に関しては、自死、殺人事件等の不自然死のほか、寿命や病気による孤独死や孤立死等の自然死もあり細分化すればきりがないですが、殺人事件については心理的嫌悪感が常に付きまといます。自殺については意見が分かれるところですが、個人的には、自死についても殺人事件ほどではありませんが、心

理的嫌悪感が付きまとうと考えています。孤独死などの自然死に関しては通常心理的嫌悪感が生じないと考えられていますが、冒頭で触れたように、孤独死でも長時間放置され腐乱死体になっており、特殊清掃等を行った場合には、買主に心理的嫌悪感が生じると考えられます。

④　事件・事故からの経過年数（風化の程度）

一般的に、事件・事故から日が浅いほど周辺住民の記憶にも新しく、買主の心理的嫌悪感の程度は大きいものですが、年数が経過するにつれて周辺住民の記憶からも薄れ、心理的嫌悪感の程度は小さくなります。ただし、逆に〇〇年経過すれば心理的嫌悪感がなくなるということは一概に言い切れません。凄惨な事件の場合、周辺住民のみならず全国民の記憶からなかなか消えないものもあり、何十年経過しても心理的嫌悪感がなくならない場合もあります。

⑤　事件が解決済みか否か（犯人が逮捕済みか否か）

殺人事件等の場合、当該事件が解決済みか、すなわち、犯人が逮捕済みか否かという事実も買主の心理的嫌悪感の程度に少なからず影響を及ぼします。事故物件を専門的に取り扱う不動産鑑定士からのヒアリングによれば、殺人事件の場合、所轄の警察署に赴き、事件が解決済みか否か等の確認を行っているとのことであり、殺人事件の場合の調査方法として一つ参考になると思われます。

⑥　インターネット検索サイト上で事故物件として掲載されているか

事故物件に関するインターネット検索サイト（大島てる物件公示サイト。第１章参照）の存在は、ご存じの方も多いので

はないでしょうか。購入しようとしている不動産が事故物件として当該サイト上に掲載されているか否か、買主は検索すれば容易に知ることができます。もし、事故物件として掲載されている場合には、買主の心理的嫌悪感が生じると考えられますので、評価にあたっても当該サイト上で対象不動産が事故物件として掲載されているか否かを確認することが有用です。

⑦　事故物件の周辺環境等

　一般的に、大都市に比べ地方のほうが市場規模も小さく（市場参加者も少なく）、単純に事故物件が売れにくいという傾向があります。また、大都市に比べ地方のほうが人流が鈍く、一度事件が起こると代々その周辺住民の間で語り継がれることもあり、事件からある程度年数が経過しても事件がなかなか風化しないという場合もありますので、可能な範囲で周辺住民が事件内容を知っているか等を調査できるとよいと思われます。

裁判例から探る事故物件の鑑定評価方法と減価率の程度

最後に、事故物件の売買に関する裁判例を用いて、事案ごとに事故物件の鑑定評価方法と減価の程度について検討していきます。

（1）事案１：自殺のあった建物付き土地の売買（浦和地判平成９年８月19日判例タイムズ960号189頁）

①　事案の概要

本事案は、土地建物（以下、「本件不動産」という）の売買において、建物内で売主の親族が首吊り自殺していたことが改正前民法570条の隠れた瑕疵に該当するとし、買主の損害賠償請求が一部認容された事案です。

●時系列表

時　　　点	事　　　実
時期不明	被告らは、本件不動産の建物内で被告の父が自殺した事実を仲介業者に伏せたまま、目的物件について、本件不動産のうち土地を主眼とし、建物は未だ十分使用に耐え得るものであったが、古家ありと表示する程度の付随的なものとして売却するよう仲介を依頼した。本件不動産は売地として表示して、自殺のあった建物の価格はほとんど考慮せず、売出価格7,560万円で売りに出された。

平成 6 年 12 月 6 日	原告は、夫婦で老後を送るための住宅として、被告及び被告の母から本件不動産を7,100 万円で買い受ける旨の売買契約を締結し、手付金 300 万円を支払った。売買契約書には、特約として「売主は、本件建物の老朽化等のため、本件建物の隠れた瑕疵につき、一切の担保責任を負わないものとする。」旨の記載があった。
平成 7 年 3 月 28 日	原告は残代金 6,800 万円を支払った。
平成 7 年 4 月 3 日	原告は本件不動産の引渡しを受けた。
平成 7 年 4 月 8 日	被告の父が平成 6 年 7 月 4 日（売買契約の約 6 か月前）に本件不動産の建物内で首吊り自殺していたことが、原告に判明した。
平成 7 年 12 月 5 日	原告は、本件不動産を買う意味がないので引き取ってほしいと被告らと交渉してきたが、被告らはこれに応じなかったため、原告らが訴えを起こした。
平成 8 年 1 月 21 日	原告は、少しでも自己に生じた損害を埋めようとの判断で、原告の負担で建物を解体撤去し、更地として第三者に 6,300 万円で売却した。なお、原告の負担で建物を解体撤去し、更地にするとの要求であった。

② 原告の損害額について（判示より抜粋）

　「原告が賠償請求できるのは、本件売買契約における本件不動産の代金額と前記瑕疵の存在を前提とした場合に想定される本件不動産の適正価格との差額と認められる。本件不動産の本件売買契約当時の前記瑕疵の存在を前提とした場合の適正価格を認めるべき直接の証拠はないが、証拠によれば、原告は、平成 8 年 1 月 21 日に前記 A に、前記瑕疵の存在を前提として本件土地を6,300 万円で売却したが、それとは別に同人の要求により本件建物を解体撤去してその滅失登記手続をするのに 93 万 2,900 円を要したことが認められ、これによれば、本件不動産は実質上

6,206万7,100円で売却できたことになるから、右金額をもって前記瑕疵の存在を前提とした場合の本件不動産の適正価格と認めるのが相当である。そうすると、原告が賠償請求できる信頼利益額は、本件売買契約における本件不動産の代金額と前記瑕疵の存在を前提とした場合の本件不動産の適正価格との差額である893万2,900円となる。」

③　裁判例から探る事故物件の鑑定評価方法と減価率の程度

本事案では、買主が本件不動産購入後、第三者Aに更地化して売却した価格が判明していることもあり、損害額の算出にあたり、売買契約時における心理的瑕疵の存在を前提とした本件不動産の鑑定評価が行われていませんが、ここでは、事実関係や判示内容から、売買契約時における心理的瑕疵の存在を前提とした本件不動産の鑑定評価方法について検討します。

まず、本件不動産のような自用の建物およびその敷地の鑑定評価にあたっては、①現況建物の利用を継続すること、②現況建物の用途変更・構造改造等を行うこと、③現況建物を取り壊して更地化することの3つのシナリオのうち、どれが最有効使用かを判断する必要があります。

本件不動産の建物の築年数や物理的状況の詳細が不明ですが、事実関係より、本件建物は未だ十分使用に耐え得るものとの記載があります。よって、売買契約時において建物はある程度の築年数が経過してはいるものの、心理的瑕疵さえなければ①現況建物の利用を継続することが最有効使用と判断されると思われます。ただし、実際には売買契約時のわずか約6か月前での建物内での自殺という心理的瑕疵が存在するため、③現況建物を取り壊して更地化することも最有効使用の候補となり得ます。事実関係より、自殺の事実を知る売主は自殺のあった建物の価格はほとんど考慮せず売値をつけていること、買主は自殺の事実を知っていれ

ば本件不動産を買う意味がないとの認識であること、建物解体費
用が約 93 万円と売買代金に比べかなり少額であることからし
て、市場における本件不動産の需要者（個人エンドユーザー）目
線では建物取壊し前提での購入の可能性が高いと考えられます。

　また、売買契約後の事情ではありますが、原告が本件不動産購
入後、第三者 A に本件不動産を売却するにあたり、第三者 A か
ら原告負担で建物を解体撤去し、更地にするよう要求があったこ
とからしても、本件不動産の最有効使用としては、③現況建物を
取り壊して更地化することになる可能性が高いのではないかと推
察されます。

　最有効使用が③現況建物を取り壊して更地化することである場
合の自用の建物およびその敷地の鑑定評価方法は、下記の算式の
とおり、更地価格から建物解体費用等を控除した価額になりま
す。

　　算式：自用の建物及びその敷地の鑑定評価額
　　　　　＝更地価格－建物解体費用等

　本件不動産の場合、まず取引事例比較を用いて心理的瑕疵がな
い前提の更地価格を査定します。次に約 6 か月前に自殺があっ
た建物（解体済）が存在していたという心理的瑕疵のある更地価
格を査定し、最後にそこから建物解体費用等を控除することにな
ります（取引事例比較法の詳細は**事案 2** 参照）。ポイントは約 6
か月前に自殺があった建物（解体済）が存在していたという心理
的瑕疵が存在することにより更地価格がどの程度減価するか、そ
の減価額（減価率）の査定になります。

　なお、判示でも心理的瑕疵の存在を前提とした本件不動産の適
正価格は、心理的瑕疵の存在を前提とした更地価格（6,300 万
円）から建物の解体撤去費用等（93 万 2,900 円）を控除した価
格（6,206 万 7,100 円）とされており、検討した上記鑑定評価

方法とほぼ同じ考え方で適正価格にアプローチしている点が読み取れます。

　肝心の心理的瑕疵による減価額ですが、心理的瑕疵の存在を伏せた状態での売買価額 7,100 万円には自殺のあった建物の価格はほとんど考慮されていない土地価格であること、第三者 A への売却価格 6,300 万円は当該心理的瑕疵の存在を前提とした土地価格であることから、心理的瑕疵が存在することによる更地価格の減価額は、これら 2 つの売買価格の差額▲ 800 万円（減価率にして▲ 11.3％）ということになります（厳密には、第三者 A への売却価格 6,300 万円は当初売買契約から約 1 年経過した時点での成約価格なので、その間の地価変動を考慮する必要がありますがここでは割愛します）（**図表 4-3** 参照）。

■図表 4-3　本件不動産の鑑定評価方法と心理的瑕疵による減価の
　　　　　　程度

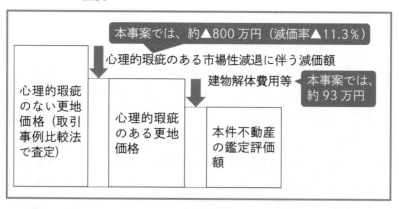

　競売市場における市場性減価率が 10％～30％程度であり、本事案の減価率 11.3％もこの範囲内ですが、下限値に近い水準となっています。本事案の場合、死因が殺人事件ではなく自殺であったこと、および、求めるべき減価率はあくまでも自殺のあった建物が現存する場合の建物に係る減価率ではなく、自殺のあっ

た建物（解体済）が存在していたという心理的瑕疵による土地に係る減価率であることが、減価率を下げる要因となったと考えられます。

なお、判示では、当該心理的瑕疵が存在することによる更地価格の減価額に建物解体費用等も加算した金額が損害額として認定されていますが、当該心理的瑕疵が存在するがゆえに建物解体を余儀なくされたと考えれば、広義での心理的瑕疵による減価額は判示における損害額と同時に建物解体費用等も含めた金額になると考えます。

（2）事案 2：殺人事件のあった建物取壊し後の土地の売買（大阪高判平成 18 年 12 月 19 日判例タイムズ 1246 号 203 頁）

①　事案の概要

本事案は、土地（以下、「本件土地」という）の売買について、本件土地上にかつて存在した建物内で殺人事件があったことが、改正前民法 570 条の隠れた瑕疵に該当するとし、買主の損害賠償請求が一部認容された事案です。

●時系列表

時　　点	事　　実
大正 10 年 3 月 3 日	被告（不動産賃貸等を業とする株式会社）は、前所有者から本件土地を購入した。 なお、本件土地は、地続きの 2 筆の土地（本件 1 土地、本件 2 土地）からなり、長方形の形状で公簿地積 160.27㎡（本件 1 土地 59.50㎡＋本件 2 土地 100.77㎡）である。立地は最寄駅から北西約 800m の位置にあり、周辺に多数の住宅、小店舗などが立ち並ぶ地区内にある。

昭和62年7月8日	被告は個人Aに本件1土地を建物所有目的で賃貸した。
平成8年4月22日	当時本件1土地上の建物に居住していた個人Bが女性を刺殺し、建物内で遺体が発見されるという殺人事件が発生した。なお、個人Bは逮捕されている。
平成16年5月20日	個人Aは殺人事件のあった本件1土地上の建物を取り壊し、被告との間で本件1土地の賃貸借を合意解除した。
平成16年11月29日	原告（不動産販売業等を業とする株式会社）は、被告から本件土地を代金1,503万1,500円で買い受けた。なお、原告は、本件土地を等面積に分けたうえで、各部分に各1棟の建売住宅を建設して販売する予定で、本件土地を購入した。
平成17年1月以降	原告は本件土地を建売住宅用地として販売開始したところ、本件1土地側の区画の購入予定者が近隣住人から平成8年の殺人事件の事実を聞き、購入をキャンセルしてきた。原告が警察で確認したところ、平成8年の殺人事件の事実が判明した。その後、原告は上記購入予定者に本件2土地側の区画の購入を勧めたが、隣の土地でも気持ちが悪いなどと述べてキャンセルの意思は変わらず、売買の話は流れた。
時期不明	その後、原告は、本件土地を建売住宅用地としての売却だけでなく、本件土地そのものを2,500万円で売却することを希望して広告で購入者を募っているが、殺人事件があったことは知らせておらず、未だ売却できていない。

②　売買の目的物である本件土地に「隠れた瑕疵」があったといえるか否か

　本事案では、殺人のあった建物は売買時点では取り壊されて存在していませんが、それでも「隠れた瑕疵」の存在が認められています。「隠れた瑕疵」の有無に関する判示において、鑑定評価における心理的瑕疵による減価の要否やその査定に参考になる部分がありますので、以下抜粋します。

　「本件土地のうちのほぼ3分の1強の面積に匹敵する本件1土地上にかつて存在していた本件建物内で、本件売買の約8年以上前に女性が胸を刺されて殺害されるという本件殺人事件があったというのであり、本件売買契約当時本件建物は取り壊されていて、嫌悪すべき心理的欠陥の対象は具体的な建物の中の一部の空間という特定を離れて、もはや特定できない一空間内におけるものに変容していたとはいえるものの、上記事件は、女性が胸を刺されて殺害されるというもので、病死、事故死、自殺に比べて残虐性が大きく、通常一般人の嫌悪の度合いも相当大きいと考えられること、本件殺人事件があったことは新聞にも報道されており、本件売買から約8年以上前に発生したものとはいえ、その事件の性質からしても、本件土地付近に多数存在する住宅等の住民の記憶に少なからず残っているものと推測されるし、現に、本件売買後、本件土地を等面積で分けた東側の土地部分（本件殺人事件が起きた本件1土地側の土地部分）の購入を一旦決めた者が、本件土地の近所の人から、本件1土地上の本件建物内で以前殺人事件があったことを聞き及び、気持ち悪がって、その購入を見送っていることなどの事情に照らせば、本件土地上に新たに建物を建築しようとする者や本件土地上に新たに建築された建物を購入しようとする者が、同建物に居住した場合、殺人があったところに住ん

いるとの話題や指摘が人々によってなされ、居住者の耳に届く
ような状態がつきまとうことも予測されうるのであって、以上
によれば、本件売買の目的物である本件土地には、これらの者
が上記建物を、住み心地が良くなく、居住の用に適さないと感
じることに合理性があると認められる程度の、嫌悪すべき心理
的欠陥がなお存在するものというべきである。」

③　原告の損害額について（判示の概要）

　原告は、売買代金の50％相当の約751万円の損害賠償を請
求しましたが、裁判所は以下のような事情を総合して、売買代
金の5％相当の約75万円を損害額と認めました。

●**損害額を高める事情**

　　・本件建物内で本件殺人事件があったという重大な歴史的背
　　　景の存在・内容、周辺に多数の住宅、小店舗などが立ち
　　　並んでいるという本件土地の生活環境

●**損害額を低める事情**

　　・本件殺人事件は本件売買の約8年以上前に発生したもの
　　　であり、しかも本件建物は本件売買時にはすでに取り壊さ
　　　れており、同時点では、嫌悪すべき心理的欠陥は相当程度
　　　風化していたといえること

　　・本件土地の大きさ

④　裁判例から探る事故物件の鑑定評価方法と減価率の程度

　本事案では、損害額の算出にあたり、売買契約時における心
理的瑕疵の存在を前提とした本件土地の鑑定評価が行われてい
ませんが、ここでは、事実関係や判示内容から、売買契約時に
おける心理的瑕疵の存在を前提とした本件土地の鑑定評価方法
について検討します。

　本件土地のような住宅用地の典型的な需要者としては個人

エンドユーザーが想定され、当該需要者は通勤利便性や居住の快適性等を重視して、市場で売りに出されている類似の住宅用地の売地と比較して取引意思決定を行いますので、鑑定評価手法のうち市場性を反映した取引事例比較法による比準価格を重視して鑑定評価額を決定します。

　取引事例比較法では、対象不動産と類似する複数の取引事例を収集・選択し、各種補・修正を行って、対象不動産の属する地域（近隣地域）における個別的要因が標準的な画地の価格（標準画地価格）を求めます。その後、標準画地価格に対象不動産に固有の個別的要因に基づく増減修正（個別格差修正）を行い、対象不動産の更地価格を求めます。最後に、本件土地の心理的瑕疵による市場性減退に伴う減価額を査定して反映します。ポイントは、約8年以上前に殺人事件があった建物（解体済）が存在していたという心理的瑕疵が存在することにより更地価格がどの程度減価するか、その減価額（減価率）の査定になりますが、本事案で認められた損害額は売買代金の5％ですので、本件土地の心理的瑕疵による減価率は▲5％ということになります（**図表4-4**参照）。

■図表4-4　本件土地の鑑定評価方法と心理的瑕疵による減価の程度

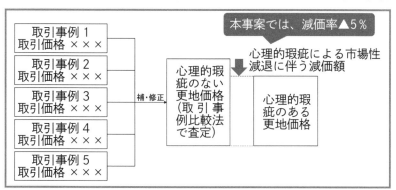

個人的には、売買契約後の事情ではありますが、購入予定者が殺人事件の事実を近隣住人から知らされて購入をキャンセルしている事情や売れ残っている事情もありますので、▲10％～▲20％程度の減価率もありではないかと思うところはあります。

なお、原告主張の損害額（売買代金の50％）に関しては、殺人事件であるという事情を考慮しても、売買時点で事件から約8年以上経過していること（経過年数の観点）、建物が取り壊されて現存しないこと（建物存否の観点）からして、これをそのまま減価率▲50％として採用するには大きすぎると考えます。

（3）事案3：自殺のあった賃貸用マンション1棟の売買（東京地判平成25年7月3日判例タイムズ2213号59頁）

① 事案の概要

本事案は、売買の目的物である地上5階地下1階建ての賃貸マンション1棟（以下、「本件不動産」という）のうち1室で自殺があったことが、改正前民法570条の隠れた瑕疵に該当するとして、市場性減退による建物価値の減価額および自殺のあった居室の収益性の低下による減価額等を考慮して、買主の損害賠償請求が一部認められた事案です。

●時系列表

時　　点	事　　実
平成19年9月26日	被告（不動産売買・賃貸等を目的とし、宅地建物取引も業とする株式会社）は、本件不動産を売買により取得した。
平成22年4月23日	本件不動産の308号室で入居者の自殺が発生した。

平成 22 年 9 月頃	遅くとも平成 22 年 3 月まで売物件として物件情報が公開されており、同年 9 月頃における本件不動産の売却希望価額は 4 億 1,000 万円であった。
平成 22 年 10 月 15 日	原告（不動産賃貸業等を目的とする株式会社）は被告から本件不動産を 3 億 9,000 万円で購入する旨の売買契約を締結し、手付金が支払われた。売買契約時の重要事項説明において、308 号室の自殺の説明等は行われなかった。 なお、本件不動産は、全 29 室の賃貸マンションであり、原告側仲介会社作成の物件概要書（平成 22 年 9 月 13 日付）によれば、満室時賃料収入は年間 3,900 万円、同日時点での空室は 3 戸であった。
平成 23 年 1 月 12 日	原告は、被告に対して 308 号室での自殺について売買契約の際に説明がなされなかったことを理由として損害賠償を求める催告を行った。

②　原告の損害額について（判示より抜粋）

（ⅰ）　原告の主張と原告鑑定の問題点

「原告は、本件自殺という瑕疵の存在により、本件売買契約当時の本件不動産の価格は、積算価格で 3 億円、収益価格で 2 億 9,100 万円程度であると主張し、その根拠として原告鑑定評価を提出すると共に、原告が本件不動産を取得した後の本件建物の空室率や賃料額に照らすと、収益価格は上記価格より少なくとも 1,000 万円以上下回るとして、本件自殺の事実を考慮せずに本件不動産を 3 億 9,000 万円で購入したことにより 1 億円の損害を被ったと主張する。」

「しかしながら、（中略）本件自殺が居室内で発生したもので

あり、その事実が広く認識されるには至っているとはみとめられないこと、本件建物は全29室の賃貸用物件であり、本件自殺の発生した308号室は208号室が直下に存在するものの、他の居室とは近接していない構造にあること等の事実によれば、本件自殺による本件不動産の価値の減損が、本件土地に及ぶとは解されず、本件建物自体についてもその全体に及ぶとは解されない。そうすると、原告鑑定評価は市場性の低下を理由として、本件不動産全体の価値に一律に10%減価している点や居室を区別することなく還元利回りを修正している点においても妥当性を欠くというべきである。」

（ⅱ）　裁判所が認定した市場性の減退による本件建物の減価額

「もっとも、本件自殺により、308号室部分の市場性が減退することは否定できず、被告提出の鑑定評価によると、裁判所の競売評価や取引実務者からの聞き取りでは自殺による減価率は30％～50％であり、同鑑定は40％の減価率を採用していること、本件売買契約は自殺が発見された約6か月後に行われていることからすると、308号室の自殺による減価率は50％であるとするのが相当である。また、208号室が308号室の直下に存在することからすると、同居室においても、10％の減価を認めるのが相当であるが、上述した本件建物における308号室の位置及び構造によると、これら以外の建物部分について、本件自殺による減価を認めることは相当でないというべきである。

　以上で検討したことによると、①本件不動産の売買代金が3億9,000万円であり、これに含まれる消費税相当額が680万9,523円であることから、本件土地の代金額が2億4,700万円、本件建物の代金額が1億4,700万円（消費税相当額を含む）であると推認され、代金額に占める割合がそれぞれ63.3％と36.7％となること、②308号室の効用比率は

2.578％、208 号室の効用比率は、3.340％であることから、一棟の建物及びその敷地に対する減価率を算定すると、0.596％となり、その減価額は 232 万 4,400 円となる（－50％×2.578％×36.7％＋－10％×3.340％×36.7％≒－0.596％）。」

（iii）　裁判所が認定した収益性の低下による減価額

　「他方、本件不動産は、新たに設立した法人である原告により不動産賃貸業を営むことを前提として、収益物件として取得されていることからすると、収益性の観点からの自殺減価の検討も必要である。（中略）208 号室は平成 24 年 2 月に、207 号室は同年 3 月に従前賃料より高い賃料で賃貸されていること、（中略）これらの事実によれば、市場性に関し減価の対象とした 208 号室を含め、308 号室を除く本件建物の居室の賃料について、本件自殺が減価要因となっているとは認めることができないというべきである。

　そこで以下においては、本件自殺の存在により、308 号室の賃料がどのような影響を受けるかを検討する。まず、原告が平成 23 年 11 月に 308 号室の賃借人の募集を停止したように、自殺が発見された時点から一年間程度は、新規賃借人の募集が停止され、その間の賃料収入は 100％喪失されるのが通常と解される。また、二年目以降においても、自殺の存在が告知事項となっていることから新規賃貸借契約の締結のためには賃料を減額せざるを得ず、その減額割合は 50％と想定するのが相当である。なお自殺が告知事項となるのは、自殺が発生した次の新規入居者に対してであり、当該入居者の次の入居者に対しては告知義務はなくなるものと考えられること、居住用物件の賃貸借契約の期間は二年あるいは三年とされることが多いが、賃借人が契約の更新を希望すれば契約は更新され、その際、減額していた賃料を増額することは容易でないと推認され

ることからすると、上記減額割合による賃貸借契約は六年から八年程度継続するものと推認される。被告鑑定によると、308号室の一年目の賃料減額率を100%、二年目から五年目の減額率を50%とした場合の本件不動産の減価率が0.454%、一年目を上記と同様、二年目から十年目の減価率を50%とした場合の本件不動産の減価率が1.617%であると認められるから、上記のように、一年目には賃料収入がなく、二年目から七年目あるいは八年目まで50%の減額賃料が継続するとした場合の本件不動産の減価率は、およそ1%であると認めるのが相当である。そうすると、収益性による減価額は390万円であると認められる。」

（iv）　裁判所が認定した原告の損害額

裁判所は、上記のとおり、本件不動産について市場性減退による建物価値の減価額および自殺のあった居室の収益性の低下による減価額等を考慮して原告の損害額を600万円と認定しましたが、なぜ600万円なのかの根拠が不明です。市場性減退による建物価値の減価額232万4,400円と収益性の低下による減価額390万円を合計すると約622万円になります。裁判所が、これら2つの減価額を合計して損害額600万円としたのかは不明ですが、もしそうだとすればそれは誤りです。これら2つの減価額は、本件不動産の1室で自殺があったという心理的瑕疵による減価額を、異なる2つの側面（市場性と収益性）からアプローチして求めたものであり、合計すべきものではありません。合計してしまうと同一の減価を二重で考慮することになってしまいます。

③　裁判例から探る事故物件の鑑定評価方法と減価率の程度

本件不動産のような収益物件1棟ものの場合、その典型的な需要者は不動産賃貸業を営む法人等が想定され、当該需要者

は収益物件の収益性を重視して取引意思決定を行うことから、鑑定評価手法のうち収益性を反映した収益還元法による収益価格を重視して鑑定評価額を決定します。実務上は、費用性を反映した原価法による積算価格も試算しますが、収益価格の説得力が落ちるような事情がない限り、収益価格が重視されます。なお、市場性を反映した取引事例比較法については、本件不動産のように対象不動産が土地建物一体の場合には類似性の高い取引事例の収集が困難なこともあり、実務上は適用されないことがほとんどです。本件不動産の鑑定評価でも収益還元法と原価法の２手法を適用することとなりますが、自殺による減価を各手法適用上どのように反映するのかがポイントとなります。

　収益還元法には、直接還元法とDCF法の２つの手法があり、一概にどちらが優れているということはありませんが、DCF法では保有期間（実務上10年と設定する場合が一般的）におけるキャッシュフロー予測と保有期間満了時の転売価格を予測して明示するため、収益価格を求める過程について説明性に優れているという長所があります。

　裁判所は、収益性の観点からの自殺減価は、自殺があった308号室に限定されると判断したうえで、DCF法適用上、308号室のキャッシュフロー予測について、１年目には賃料収入がなく、２年目から７年目あるいは８年目まで50％の減額賃料が継続すると予測しています。個人的には、自殺減価を308号室の賃料収入の減少予測に反映するという点は違和感ありませんが、50％の減額賃料の継続期間がやや長すぎるのではないかと考えます。本事案の裁判所の判断に対して、「減額割合を50％とすることはやむを得ないとしても、契約期間の２年間でとどめるべきであると思われる。更新の際には元の賃料に戻すことを契約書に明記すればよいだけである。現

に、関西の公営住宅ではそのように対応していると聞いている。無論、2年後に賃料が倍になるのが嫌だと思う入居者は、また別の訳有物件に転居するだろう。その場合は、本件判決も述べているとおり、次の入居者に対しては告知義務がなくなるので本来の賃料に戻せるのである。」（宮崎裕二他『新版 不動産取引における心理的瑕疵の裁判例と評価』（プログレス）85頁）との指摘もあります。例えば、公的住宅の事故物件の50％減額賃料期間は以下のとおり1～3年程度であり、これと比較して長すぎると思われます。

●公的住宅の賃料減額期間（本書執筆時点での調査）

・UR 都市機構 HP：公開されている事故物件すべて、50％の減額賃料期間1年
・東京都住宅供給公社 HP：公開されている事故物件すべて、50％の減額賃料期間3年
・大阪府住宅供給公社 HP：公開されている事故なし（ただし、50％の減額賃料期間1～2年との記載あり）

以上より、収益還元法（DCF 法）における本件不動産の自殺減価の反映方法を図示すれば、**図表 4-5** のとおりです。

■図表 4-5　収益還元法（DCF 法）における本件不動産の自殺減
　　　　　価の反映方法

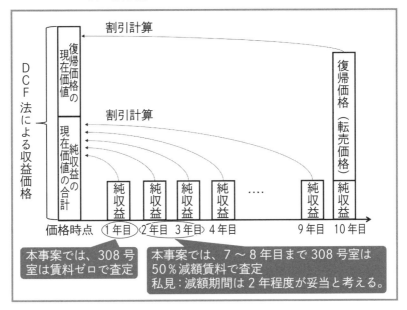

なお、本事案とは異なりますが、ニュースにも取り上げられる
ような凄惨な殺人事件の場合、殺人事件があった居室だけでなく
建物全体の収益性に影響を及ぼす場合もあり得ます。となると精
度の高いキャッシュフロー予測が困難となりますので、DCF 法
ではなく直接還元法を適用し、殺人事件による減価（投資リスク
の増加）は還元利回りの査定に反映する（還元利回りを高める）
方法も考えられるのではないかと思われます。

　原価法では、土地価格は取引事例比較法を適用して査定し、建
物価格は再調達原価から減価修正を行って査定します。収益還元
法による収益価格は土地建物一体の価格であり、その内訳はわか
りませんが、原価法は土地価格と建物価格を査定して合計します
ので、土地価格と建物価格の内訳がわかるという特徴がありま
す。

裁判所は、本件不動産の売買代金を土地価格と建物価格に区分したうえで、自殺による市場性減退の観点から建物価格のうち308号室に対応する部分および直下の208号室に対応する部分について減価率をそれぞれ▲50%、▲10%と判断しています。個人的には、直下の208号室について市場性減退の観点からの減価を行っている点、および、308号室の減価率▲50%としている点が気になるところです。

　まず、直下の208号室については本来減価すべきではないと考えます。本件不動産は収益物件であり、取引にあたり重視されるのはその個々の収益物件の収益性です。収益物件の市場性減退というのは、収益物件自体の収益性が低いことにより、需要者（買主）から見て代替競争関係にある他の収益物件と比べて市場競争力が劣るということです。本件不動産の1室で自殺があったという心理的瑕疵による減価について、収益物件自体の収益性の低下の観点から見るのか、市場参加者（市場）の観点から見るのかアプローチの違いであって、見ている減価自体は同じものです。裁判所は、収益性の低下の観点からの自殺減価は、自殺があった308号室に限定される（208号室については減価なし）と判断したのであれば、208号室について市場性減退の観点からの減価を行うべきではないと考えます。

　次に、308号室の減価率▲50%の根拠が弱く、やや減価率として大きいのではないかと思われます。裁判所は被告鑑定の減価率▲40%を基に、自殺から売買までの期間がわずか6か月と短い点を考慮してさらに▲10%を加算しているようですが、そもそも被告鑑定の減価率▲40%というのも競売評価の市場性修正率の上限値▲30%を超えていますし、その査定根拠に自殺から売買までの期間がわずか6か月であるという事情は考慮済みなのではないかと思われます。もちろん被告鑑定の詳細が不明なので推測ではありますが、仮に筆者が308号室の減価率を査定す

るのであれば、自殺から売買までの経過期間は当然考慮したうえで査定します。

　以上より、原価法における本件不動産の自殺減価の反映方法を図示すれば、**図表4-6**のとおりです。

■図表4-6　原価法における本件不動産の自殺減価の
　　　　　　反映方法イメージ

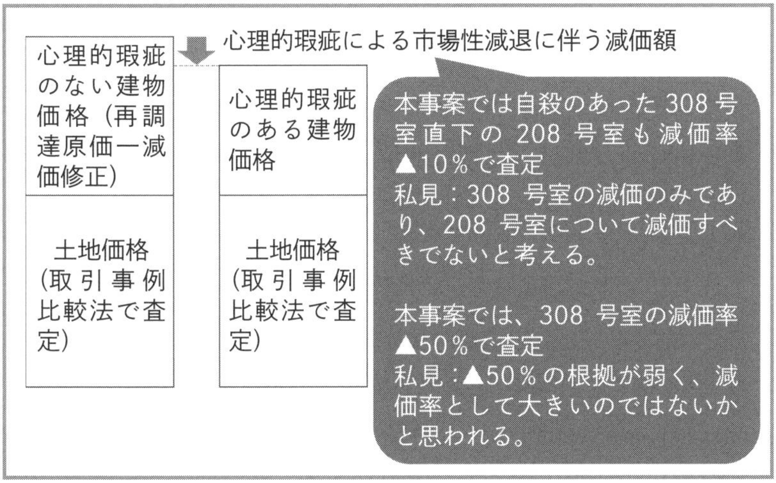

心理的瑕疵のない建物価格（再調達原価―減価修正）

心理的瑕疵による市場性減退に伴う減価額

心理的瑕疵のある建物価格

土地価格（取引事例比較法で査定）

土地価格（取引事例比較法で査定）

本事案では自殺のあった308号室直下の208号室も減価率▲10％で査定
私見：308号室の減価のみであり、208号室について減価すべきでないと考える。

本事案では、308号室の減価率▲50％で査定
私見：▲50％の根拠が弱く、減価率として大きいのではないかと思われる。

（筆者作成）

　裁判所の判断に関していくつか問題点を指摘しましたが、本事案は、1室で事故が起こった場合の収益物件1棟ものの鑑定評価上の留意事項について学ぶべき点も多い事案です。具体的には、以下のような事項について留意する必要があります。

●事故による減価が、事故のあった居室に限られるのか、他の居室にも及ぶのか、建物全体に及ぶのかについて、特に注意して調査分析する必要があること
　安易に建物全体に及ぶと判断すると過大な減価となりかねま

せん。具体的に、影響の及ぶ範囲を検討するにあたっては、事故内容はもちろんですが、所有者や管理会社からの情報収集を通じて各居室の賃料への影響や空室率の動向について分析するのが有効かと思われます。

● 事故物件である収益物件の鑑定評価にあたっては、事故による減価を収益還元法と原価法にそれぞれ適切に反映する必要があること

収益還元法の適用にあたっては、事故内容や事故による減価が及ぶ範囲などの調査分析を踏まえ、直接還元法と DCF 法の適用方針、および、各種査定項目（賃料収入、空室率、費用項目、利回り等）のどこで減価を反映するかについて検討する必要があります。

なお、本件不動産のような事故物件である収益物件の鑑定評価方法としては、競売評価を準用して、まず事故物件という心理的瑕疵がない場合の価格を収益還元法と原価法により査定し、最後に事故物件という心理的瑕疵の存在による市場性減退として市場性修正率を乗じて評価する方法も考えられます（**図表 4-7** 上段の評価方法 A）。ただし、この評価方法 A では、収益性の低下の観点からの減価を考慮できていません。収益性の低下の観点からの減価を考慮するには、本事案の裁判所の判断で示されているように、収益還元法の適用過程で減価を反映する方法によらざるを得ません（**図表 4-5**、**図表 4-7** 下段評価方法 B）。この評価方法 B による場合、市場性減退の観点からの減価は原価法の適用過程で最後に市場性修正率として考慮します（**図表 4-6**、**図表 4-7** 下段評価方法 B））。評価方法 B の方が評価方法 A よりも難易度は高いですが、各手法の適用過程で適切に減価を反映できればその分評価方法 A よりも説得力は高まります。

■図表 4-7　事故物件である収益物件の鑑定評価方法

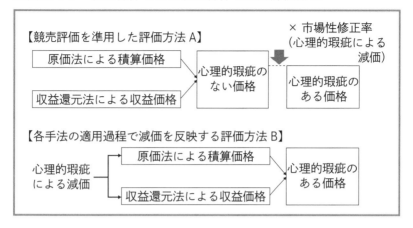

第5章

税務への影響

本章では、事故物件が税務に及ぼす影響を検証します。事故物件とはいえ、不動産であることには変わりませんので、不動産に関係する税務問題を多面的に検証しますが、事故物件に関するルールは明確には存在しないため、これまでの実務経験に基づく私見を含むことを申し添えます。

1 事故物件が相続税に与える影響

（1）相続税の課税財産

相続税は、原則として、死亡した人の財産を相続や遺贈（死因贈与を含む）によって取得した場合に、その取得した財産にかかります。この場合における財産とは、現金、預貯金、有価証券、宝石、土地、家屋などのほか、貸付金、特許権、著作権など金銭に見積もることができる経済的価値のあるすべてのものをいいます。

（2）相続を原因とした財産の取得

被相続人を本人とした場合、配偶者は常に相続人となります（民法890条）。また、第一順位相続人である子も配偶者とともに相続人となります（民法887条）。ただし、第一順位相続人である子がいなければ、第二順位相続人は両親（直系尊属）が相続人となり、さらに第二順位相続人である両親（直系尊属）がいなければ、第三順位相続人である兄弟姉妹が相続人となります（民法889条）。

被相続人に相続が発生すると、相続人は「相続」を原因に財産を取得することになり、相続財産の評価額が一定額以上になれば、取得した割合に応じて相続税を負担することになります。ま

た、死亡退職金、被相続人が保険料を負担していた生命保険契約の死亡保険金などは、民法上は相続を原因に財産を取得するものではありませんが、相続税法の規定などにより相続税の対象となります（みなし相続財産）。

（３）遺贈を原因とした財産の取得

被相続人が生前に、孫や子の配偶者などに財産を渡す意思を示しており、その意思を遺言に残していれば、被相続人の相続発生により、上記の相続より当該遺言が優先され財産を承継されることになります。ここでは、財産を取得した者を受遺者といいます。ただし、一定の相続人には遺留分が認められており、遺言であっても受遺者は無制限に財産を承継することはできません。

被相続人に相続が発生すると、受遺者は「遺贈」（ただし、受遺者が相続人の場合には「相続」）を原因に財産を取得することになり、相続財産の評価額が一定額以上になれば、取得した割合に応じて相続税を負担することになります。また、遺言がない場合でも、被相続人が保険料を負担していた生命保険契約の死亡保険金などで、保険金受取人が相続人ではなく孫などになっている場合でも、相続税法では「みなし遺贈」として相続税を負担することになります。

（４）単純承認・相続放棄・限定承認の選択

①　単純承認

単純承認とは、被相続人の相続財産を無条件ですべて相続することをいいます（民法920条）。つまり、相続人は無限に権利義務を承継することになりますので、被相続人のプラスの財

産・マイナスの財産（連帯保証債務などの偶発債務も含む）をすべて相続します。

また、相続が開始したことを知ってから3か月の間に何もしなければ自動的に単純承認をしたことになります（民法915条、921条）。これを法定単純承認と呼びます。

相続開始から3か月以内で意思決定しなければ、マイナスの財産も無限に相続してしまうため、単純承認するか否かは慎重な判断が必要となります。

② 相続放棄

相続放棄とは、被相続人の相続財産を一切相続しないことをいいます。つまり、被相続人のプラスの財産・マイナスの財産（連帯保証債務などの偶発債務を含む）の一切を相続しないことになります。

また、相続放棄をするためには、相続が開始したことを知ってから3か月の間に家庭裁判所に申述することが必要となります（民法915条、938条）。

そして、相続放棄をすると、初めから相続人でなかったものとみなされます（民法939条）。そのため、第一順位相続人である子全員が相続放棄すると、初めから第二順位相続人である両親（直系尊属）が相続人となり、次に両親（直系尊属）全員が相続放棄をすると第三順位である兄弟姉妹が相続人となります。そのため、相続放棄をする場合には後順位の相続人とも連携をしておく必要があります。

③ 限定承認

限定承認とは、被相続人の有するプラスの財産の範囲内でマイナスの財産を相続することをいいます。

また、限定承認をするためには、相続が開始したことを知っ

てから３か月の間に家庭裁判所に申述することが必要となります（民法915条、924条）。相続放棄が相続人ごとに選択の余地があったのに対し、限定承認は共同相続人全員が共同してのみ選択することが可能となる（民法923条）ため、１人でも単純承認する場合には限定承認することはできません。ただし、相続人が配偶者・子２人の場合で、子１人が相続放棄をすると、残った配偶者と子１人が共同すれば限定承認することは可能となります。家庭裁判所における選択件数は年間1,000件にも満たないため、実務的には選択する可能性は限りなく少ない方法といえます。

（5）財産評価の規定

①　相続税法における規定（評価の原則：相続税法22条）

この章で特別の定めのあるものを除くほか、相続、遺贈又は贈与により取得した財産の価額は、<u>当該財産の取得の時における時価</u>により、当該財産の価額から控除すべき債務の金額は、その時の現況による。

（下線は筆者）

相続税法においては、財産評価を行うにあたっては、財産取得時の時価によることが明文化されています。

②　財産評価基本通達（評価の原則：1項）

財産評価基本通達（以下、「評基通」と略す）とは、不動産の評価基準や株式の評価基準など、相続財産の評価基準について示したものをいいます。評基通1項では、評価の原則を以下のように規定しています。

1　財産の評価については、次による。

(1)　評価単位

　　財産の価額は、第2章以下に定める評価単位ごとに評価する。

(2)　時価の意義

　　財産の価額は、時価によるものとし、時価とは、課税時期（相続、遺贈若しくは贈与により財産を取得した日若しくは相続税法の規定により相続、遺贈若しくは贈与により取得したものとみなされた財産のその取得の日又は地価税法第2条《定義》第4号に規定する課税時期をいう。以下同じ。）において、それぞれの財産の現況に応じ、不特定多数の当事者間で自由な取引が行われる場合に通常成立すると認められる価額をいい、その価額は、この通達の定めによって評価した価額による。

(3)　財産の評価

　　財産の評価に当たっては、その財産の価額に影響を及ぼすべきすべての事情を考慮する。

（下線は筆者）

　　ここでは、時価を「不特定多数の当事者間で自由な取引が行われる場合に通常成立すると認められる価額」と規定していますが、宇野沢貴司著『財産評価基本通達逐条解説（令和2年版）』（大蔵財務協会）によれば、「時価」と土地に関する「評価方法の種類」を以下のように解説しています。

(2)　時価

　　第二に、時価というのは何かということが問題となる。本項においては、時価とは、課税時期において、それぞれの財産の現況に応じ、不特定多数の当事者間で自由な取引が行われる場合に通常成立すると認められる価額をいうものとしている。

　　まずそれは、それぞれの財産の現況に応じ、不特定多数の
当事者間で通常成立すると認められる価額であるから、一方
において<u>客観的要素が考慮される</u>とともに、他方において<u>主
観的な要素は排除される</u>。

　　次に、それは自由な取引が行われる場合に通常成立すると
認められる価額であるから、<u>客観的な交換価値を示す価額</u>、
すなわち、買い進み、売り急ぎがなかったものとした場合に
おける価額である。

　　さらに、この時価は財産の現況に応じて評価される価額で
あり、評価に当たっては、その財産に影響を及ぼすべきすべ
ての事情が考慮される。なお、評価対象財産の時価は客観的
な交換価値を示す価額であるところから、<u>当該財産の評価に
当たり考慮される個別事情は客観的に認められるものに限定
される</u>ことになる。例えば、借地権の設定されている土地を
取得した場合には、その土地の時価は、その土地を完全に所
有する場合と異なり、借地権に相当する価額が控除される。

(3) 評価方法の種類

　　評価の原則が時価主義をとり、客観的な交換価値を示す価
額を求めようとしている以上、預貯金、貸付金、受取手形の
ように、そのものの金額ないしそれに準じた金額で評価でき
る場合を除き、<u>財産の評価は自由な取引が行われる市場で通
常成立すると認められる売買実例価額によることが最も望ま
しい</u>。上場株式のような財産については、原則として、この
ような同種の売買実例価額を直接時価とすることができるよ
うになる。また、<u>土地や標準伐期にある立木のように、類似
の財産の売買実例価額があるものについては、その類似財産
の売買実例価額を基とし、精通者意見等を参酌してその客観
的な交換価値を示す価額を求める</u>ことができよう。

(中略)

以下、評価基本通達に定められている主な評価方法とそれが適用される財産の種類について概説することとする。

イ　売買実例価額による方法

（中略）

（ロ）類似の財産の売買実例価額を基として評価する方法

　　この方法には、次のものがある。

A　類似の財産の売買実例価額を基とし、精通者意見価格等を参酌して評価額を求める方法

　　この方法は、類似の財産の売買実例価額や評価すべき財産についての精通者意見価格等を参酌して標準価額を定め、これに基づき評価額を算出する方法である。

　　この方法を土地を例にすると、路線価方式と倍率方式がある。

　　路線価方式とは、宅地の基本的評価方法の一つであるが、その方法は、まず、宅地を状況の類似する地域に区分し、その中の標準的な路線を選び、その路線に面する宅地の価額がおおむねが同一と認められる地域に標準宅地を選定して、その評価額を定め（この標準的な宅地の１平方メートル当たりの評価額を「路線価」という。）、次いで、この路線価を基として奥行距離、形状等の差異を加味して、評価しようとする宅地の評価額を算定する方法である。この場合の路線価は、近傍の宅地の売買実例価額やその標準宅地についての公示価格、不動産鑑定士等による鑑定評価額、精通者意見価格等を基として評価するのである。市街地的形態を形成する地域にある宅地は、原則として、この路線価方式によって評価する。

　　倍率方式は、①まず標準地につき前記Ａの方法で評価を行い、②この評価額と固定資産税評価額との開差を一定倍率（例えば 1.5 とか 1.2 とか）で求め、③この開

> 差の倍率の等しい地域ごとに地域を区分し、④その地域
> 内の土地の評価に当たっては評価すべき土地の固定資産
> 税評価額にこの倍率を乗じて算出した金額をその土地の
> 評価額とするものである。
> （中略）

（下線は筆者）

　路線価方式（評基通13項）、倍率方式（評基通21項）は、どちら
も売買実例価額による方法に基づく客観的な交換価値を示す価額
であり、上場株式等とは異なり、直接、同種の財産の売買実例価
額を採用することができないため、「類似の財産の売買実例価額
を基とし、精通者意見価格等を参酌して評価額を求める方法」を
採用していることが示されている（評基通14項、21-2項）。

　路線価方式であれば、宅地評価における加算要因（路線影響加
算）と減算要因（画地補正や法令上の制限等）を評基通で詳細に
定めています。その意味で評基通は、上記解説でもあったよう
に、主観的ではなく客観的要素が加味された評価方式を採用して
いるといえます。また、それを表現するものとして、国税庁で
は、「土地及び土地の上に存する権利の評価明細書」として様式
を定めており、実務では、この様式に従って土地評価を行うこと
になります。どのような加算項目と減算項目が反映されているか
把握することは、相続税における土地評価に精通するための近道
といえるかもしれません。

■様式　土地及び土地の上に存在する権利の評価明細書

土地及び土地の上に存する権利の評価明細書（第1表）	局（所）	署	年分	ページ

（住居表示）	（　　　　　　　　　　）	所有者	住　所（所在地）		使用者	住　所（所在地）	
所　在　地　番			氏　名（法人名）			氏　名（法人名）	

地　　目		地　積	路　　　　線　　　　価				地形図及び参考事項
宅　地　山　林　田　　雑種地　畑（　）		㎡	正　面　円	側　方　円	側　方　円	裏　面　円	

間口距離	m	利用区分	自　用　地　私　　道　貸　宅　地　貸家建付借地権　貸家建付地　転　貸　借　地　権　借　地　権　（　　　　）	地区区分	ビル街地区　普通住宅地区　高度商業地区　中小工場地区　繁華街地区　大工場地区　普通商業・併用住宅地区	
奥行距離	m					

	1　一路線に面する宅地　　（正面路線価）	（奥行価格補正率）	（1㎡当たりの価額）　円	A
自	円　×			
	2　二路線に面する宅地　　（A）	［側方・裏面 路線価］　（奥行価格補正率）　　［側方・二方 路線影響加算率］	（1㎡当たりの価額）　円	B
用	円　＋　（　　　　　　円　×　　　　　.　　　×　0.　　　）			
	3　三路線に面する宅地　　（B）	［側方・裏面 路線価］　（奥行価格補正率）　　［側方・二方 路線影響加算率］	（1㎡当たりの価額）　円	C
地	円　＋　（　　　　　　円　×　　　　　.　　　×　0.　　　）			
	4　四路線に面する宅地　　（C）	［側方・裏面 路線価］　（奥行価格補正率）　　［側方・二方 路線影響加算率］	（1㎡当たりの価額）　円	D
1	円　＋　（　　　　　　円　×　　　　　.　　　×　0.　　　）			
	5-1　間口が狭小な宅地等　（AからDまでのうち該当するもの）　　（間口狭小補正率）（奥行長大補正率）		（1㎡当たりの価額）　円	E
平	円　×　（　　　.　　　×　　　.　　　）			
	5-2　不　整　形　地　（AからDまでのうち該当するもの）　　　不整形地補正率※		（1㎡当たりの価額）　円	
方	円　×　　　0.			
	※不整形地補正率の計算　（想定整形地の間口距離）（想定整形地の奥行距離）（想定整形地の地積）			
メ	㎡　×　　　　　　m　＝　　　　　　㎡			
	（想定整形地の地積）（不整形地の地積）（想定整形地の地積）　　　　　（かげ地割合）			F
	（　　　　　　㎡　－　　　　　　㎡）÷　　　　　　㎡　＝　　　　　％			
｜	（不整形地補正率表の補正率）（間口狭小補正率）　（小数点以下2位未満切捨て）　　不整形地補正率			
	0.　　　　×　　　.　　　　＝　　0.　　①　　　（①、②のいずれか低い率、0.6を下限とする。）			
ト	（奥行長大補正率）　（間口狭小補正率）			
	0.　　　　×　　　.　　　　＝　　0.　　②　　　　0.			
ル	6　地積規模の大きな宅地　（AからFまでのうち該当するもの）　　規模格差補正率※		（1㎡当たりの価額）　円	
	円　×　　0.			G
当	※規模格差補正率の計算　（地積（Ⓐ））　（Ⓑ）　　　（Ⓒ）　　（地積（Ⓐ））　（小数点以下2位未満切捨て）			
	｛（　　　　㎡×　　　　＋　　　　）÷　　　　㎡｝×　0.8　＝　0.			
た	7　無　　道　　路　　地　（F又はGのうち該当するもの）　　　　　（※）		（1㎡当たりの価額）　円	
	※割合の計算（0.4を上限とする。）　　　　　　　F又はGのうち			H
	（正面路線価）（通路部分の地積）　該当するもの　（評価対象地の地積）			
り	円　×（　　　　　　㎡　÷（　　　　円　×　　　　　㎡）＝　0.			
	8-1　がけ地等を有する宅地　〔　南　、　東　、　西　、　北　〕		（1㎡当たりの価額）　円	
の	（AからHまでのうち該当するもの）　　（がけ地補正率）			I
	円　×　　0.			
	8-2　土砂災害特別警戒区域内にある宅地		（1㎡当たりの価額）　円	
	（AからHまでのうち該当するもの）　　特別警戒区域補正率※			
価	円　×　　0.			J
	※がけ地補正率の適用がある場合の特別警戒区域補正率の計算（0.5を下限とする。）			
	〔　南　、　東　、　西　、　北　〕			
	（特別警戒区域補正率表の補正率）（がけ地補正率）（小数点以下2位未満切捨て）			
額	0.　　　　×　　0.　　　　＝　0.			
	9　容積率の異なる2以上の地域にわたる宅地		（1㎡当たりの価額）　円	
	（AからJまでのうち該当するもの）　　　（控除割合（小数点以下3位未満四捨五入））			K
	円　×　（　1　－　0.　　　）			
	10　私　　　　　　　道　（AからKまでのうち該当するもの）		（1㎡当たりの価額）　円	L
	円　×　0.3			

自用地の評価額	自用地1平方メートル当たりの価額　（AからLまでのうちの該当記号）	地　　積	総　　　　　　額（自用地1㎡当たりの価額）×（地　積）	
	（　　）　　　　　　　　円	㎡	円	M

（注）1　5-1の「間口が狭小な宅地等」と5-2の「不整形地」は重複して適用できません。
　　　2　5-2の「不整形地」の「AからDまでのうち該当するもの」欄の価額について、AからDまでの欄で計算できない場合には、（第2表）の「備考」欄等で計算してください。
　　　3　「がけ地等を有する宅地」であり、かつ、「土砂災害特別警戒区域内にある宅地」である場合については、8-1の「がけ地等を有する宅地」欄ではなく、8-2の「土砂災害特別警戒区域内にある宅地」欄で計算してください。

（資4-25-1-A4統一）

土地及び土地の上に存する権利の評価明細書（第2表）

セットバックを必要とする宅地の評価額	（自用地の評価額） 円 －	（自用地の評価額） （該当地積） 円 × ㎡ ／（総地積）㎡ × 0.7	（自用地の評価額） 円　N
都市計画道路予定地の区域内にある宅地の評価額	（自用地の評価額） 円 × 0.	（補正率）	（自用地の評価額） 円　O

大規模工場用地等の評価額	○ 大規模工場用地等 （正面路線価） 円 × （地積） ㎡ （地積が20万㎡以上の場合は0.95）	円　P
	○ ゴルフ場用地等 （宅地とした場合の価額）（地積） （ 円 × ㎡×0.6） － （1㎡当たりの造成費） （ 円 × （地積） ㎡）	円　Q

	利用区分	算　　式	総　　額	記号
総額計算による価額	貸宅地	（自用地の評価額） （借地権割合） 円 × (1－ 0.　　)	円	R
	貸家建付地	（自用地の評価額又はT） （借地権割合）（借家権割合）（賃貸割合） 円 × (1－ 0.　　×0.　　× ㎡／㎡)	円	S
	（目的となっている土地の権利）	（自用地の評価額） （　　割合） 円 × (1－ 0.　　)	円	T
	借地権	（自用地の評価額） （借地権割合） 円 × 0.	円	U
	貸家建付借地権	（U,ABのうちの該当記号） （借家権割合） （賃貸割合） （　） 円 × (1－ 0.　　× ㎡／㎡)	円	V
	転貸借地権	（U,ABのうちの該当記号） （借地権割合） （　） 円 × (1－ 0.　　)	円	W
	転借権	（U,V,ABのうちの該当記号） （借地権割合） （　） 円 × 0.	円	X
	借家人の有する権利	（U,X,ABのうちの該当記号） （借家権割合） （賃貸割合） （　） 円 × 0.　　× ㎡／㎡	円	Y
	（　　　権）	（自用地の評価額） （　　割合） 円 × 0.	円	Z
	権利が競合する場合の土地の権利	（R,Tのうちの該当記号） （　　割合） （　） 円 × (1－ 0.　　)	円	AA
	他の権利と競合する場合の権利	（U,Zのうちの該当記号） （　　割合） （　） 円 × (1－ 0.　　)	円	AB
備考				

（注）　区分地上権と区分地上権に準ずる地役権とが競合する場合については、備考欄等で計算してください。

（資4－25－2－A4統一）

（6）事故物件が財産評価に与える影響

① 評基通における取扱いへの影響

　事故物件であっても、相続税の非課税財産となることはなく、相続税は課税されることになります。ただし、事故物件を理由に相続税に影響を与える項目としては、評基通において「財産評価における追加の減算項目」に該当する可能性があります。

　前述のとおり、相続税における宅地評価は路線価方式または倍率方式によりますが、評基通では減算要因として画地補正や法令上の制限を規定していますが、事故物件のような心理的瑕疵[12]を減算要因として規定していません。

② 「個別事情のある財産の評価等の具体的取扱いについて」における取扱い

　昭和39年4月25日、国税庁長官が「相続税財産評価に関する基本通達」を制定し、その後に改正を繰り返し、平成3年12月18日　国税庁長官が「財産評価基本通達」とその名を変えました。その後も随時改正を繰り返しながら、現在の通達へと変貌を遂げています。

　通達改正を繰り返す中、昭和55年6月24日　東京国税局長が「個別事情のある財産の評価等の具体的取扱いについて」を制定しており、1つのルールとして採用されていた経緯があります。

　その規定中に「利用価値の著しく低下している宅地の評価」

12　不動産の取引にあたって、借主・買主に心理的な抵抗が生じるおそれのあることがらをいい、自殺・他殺・事故死・孤独死などがあったこと、近くに墓地や嫌悪・迷惑施設が立地していること、近隣に指定暴力団構成員等が居住していることなどがあげられる。

に関する取扱いを定めており、宅地の一部の利用価値が、その宅地の付近にある他の宅地の利用状況等からみて、著しく低下していると認められるものとして、以下を列挙しています。

イ　著しく傾斜している宅地（がけ地として評価することが適当であると認められるものを除く。）

ロ　道路より高い位置にある宅地又は低い位置にある宅地で、その付近にある宅地に比して著しく高低差のあるもの。

ハ　地盤にはなはだしいおうとつのある宅地

ニ　湿潤な宅地

ホ　その地域における標準的な宅地の面積に比して著しく広大又は狭あいな宅地で、当該地域における宅地としての通常の用途に供することができないと認められるもの

ヘ　震動のはなはだしい宅地

ト　イからヘまでに掲げる宅地以外の宅地で、騒音、日照阻害、臭気、忌み等により、売買する場合には、その宅地の取引金額に著しく影響があると認められるもの

上記イからトに該当した場合、利用価値が低下していないものとして評価した場合のその宅地の価額から、利用価値が低下していると認められる部分の面積に対応する価額に相当する金額に、100分の10を乗じて計算した金額を控除した価額によって評価するとしています。

●TAINS：相個通　個別事情のある財産の評価等の具体的取扱いについて　昭和 55 年 6 月 24 日　直評 15、直資 105　東京国税局長　【廃止通達】

個別事情のある財産の評価等の具体的な取扱いについて

昭和 55 年 6 月 24 日

直評 15

直資 105

東京国税局長

　標題のことについて、別紙のとおり定めたから、昭和 55 年 1 月 1 日以後に相続、遺贈又は贈与により取得した財産の評価については、昭和 39 年 6 月 20 日付直資第 94 号（基本通達昭和 39 年 4 月 25 日付直資 56、直審（資）17）「相続税財産評価に関する基本通達」（以下「基本通達」という。）によるほか、これによることとされたい。

（趣旨）

　基本通達の適用に当り、個別事情のある財産の評価については、その財産の実態に即して一層適切に行う必要があるため、その具体的な取扱いを定めたものである。

別紙

　　個別事情のある財産の評価等の具体的な取扱い

目次

1　共通事項

　（1）評価方法の定めのない財産の評価

　（2）基本通達等又はこの通達の定めにより難い場合の評価

　（3）固定資産税評価額の付されていない土地及び家屋の評価

　（4）土地区画整理事業施行地区内にある土地の評価

2　宅地

　（1）空閑地の評価単位

　（2）路線価の付されていない私道に接する宅地の評価

　（3）路線価が同一の場合の正面路線価の判定

　（4）2以上の路線に接する宅地の地区区分の判定

　（5）奥行価格逓減率適用の特例

　（6）貸宅地等の評価の特例

　（7）利用制限のある宅地の評価

　（8）利用価値の著しく低下している宅地の評価

　（9）日本国有鉄道等の高架橋下の使用権の評価

（中　　略）

（8）利用価値の著しく低下している宅地の評価

　宅地のうち、次に掲げる宅地で、その宅地の一部の利用価値が、その宅地の付近にある他の宅地の利用状況等からみて、著しく低下していると認められるもの（形状に基因して減価する必要のあるものを除く。）の価額は、利用価値が低下していないものとして評価した場合のその宅地の価額から、利用価値が低下していると認められる部分の面積に対応する価額に相当する金額に、100分の10（次に掲げる2以上の事情により、利用価値が著しく低下していると認められる宅地にあっては、100分の20）を乗じて計算した金額を控除した価額によって評価する。

　ただし、路線価又は倍率が、利用価値の著しく低下している状況を考慮して付されている場合には、その路線価又は倍率を基として計算した価額によって評価する。

　イ　著しく傾斜している宅地（がけ地として評価することが適当であると認められるものを除く。）

　ロ　道路より高い位置にある宅地又は低い位置にある宅地で、その付近にある宅地に比して著しく高低差のあるもの。

ハ　地盤にはなはだしいおうとつのある宅地

ニ　湿潤な宅地

ホ　その地域における標準的な宅地の面積に比して著しく広大又
　　は狭あいな宅地で、当該地域における宅地としての通常の用途
　　に供することができないと認められるもの

　　（注）　著しく広大な宅地とは、高層ビル街又は高層マンション
　　　　　等の建築が可能な地域にある宅地を除く宅地で、原則とし
　　　　　て、その面積がその地域における標準的な宅地の面積のお
　　　　　おむね5倍以上で、かつ、1,000平方メートル以上である
　　　　　ものをいい、また、著しく狭あいな宅地とは、原則とし
　　　　　て、その面積がその地域における標準的な宅地の面積のお
　　　　　おむね5分の1以下で、かつ、40平方メートル以下であ
　　　　　るものをいう。

ヘ　震動のはなはだしい宅地

ト　イからへまでに掲げる宅地以外の宅地で、騒音、日照阻害、
　　臭気、忌み等により、売買する場合には、その宅地の取引金額
　　に著しく影響があると認められるもの

　　（注）　上記の「日照阻害」の程度は、原則として、建築基準法
　　　　　第56条の2に定める日影時間を超える時間の日照阻害の
　　　　　あるものとする。

　　　　　ただし、中高層ビル等の連担する地域を除く。

　　その中でも、「ト　イからへまでに掲げる宅地以外の宅地
で、騒音、日照阻害、臭気、忌み等により、売買する場合に
は、その宅地の取引金額に著しく影響があると認められるも
の」における「忌み」は心理的瑕疵を表現するものであること
から、事故物件における減算要因となる可能性があります。

③　現行における取扱い

　　上記②東京国税局長通達は、平成4年に廃止されており、現行では、同様の内容が国税庁タックスアンサー（No4617 利用価値が著しく低下している宅地の評価）に明記されていますので、②東京国税局長通達の趣旨をそのまま継続しているものと推察します。

No.4617　利用価値が著しく低下している宅地の評価

[令和5年4月1日現在法令等]

対象税目

相続税、贈与税

概要

次のようにその利用価値が付近にある他の宅地の利用状況からみて、著しく低下していると認められるものの価額は、その宅地について利用価値が低下していないものとして評価した場合の価額から、利用価値が低下していると認められる部分の面積に対応する価額に10パーセントを乗じて計算した金額を控除した価額によって評価することができます。

1　　道路より高い位置にある宅地または低い位置にある宅地で、その付近にある宅地に比べて著しく高低差のあるもの

2　　地盤に甚だしい凹凸のある宅地

3　　振動の甚だしい宅地

4　　1から3までの宅地以外の宅地で、騒音、日照阻害（建築基準法第56条の2に定める日影時間を超える時間の日照阻害のあるものとします。）、臭気、忌み等により、その取引金額に影響を受けると認められるもの

また、宅地比準方式によって評価する農地または山林について、その農地または山林を宅地に転用する場合において、造成費用を投下してもなお宅地としての利用価値が付近にある他の宅地の利用状況からみて著しく低下していると認められる部分を有するものについても同様です。

ただし、路線価、固定資産税評価額または倍率が、利用価値の著しく低下している状況を考慮して付されている場合にはしんしゃくしません。

④ 事故物件における10%一律減算の可否

　上記②東京国税局長通達における「ただし、路線価又は倍率が、利用価値の著しく低下している状況を考慮して付されている場合には、その路線価又は倍率を基として計算した価額によって評価する。」という文言、そして、上記③国税庁タックスアンサーにおける「ただし、路線価、固定資産税評価額または倍率が、利用価値の著しく低下している状況を考慮して付されている場合にはしんしゃくしません。」という文言には注意を要します。

　つまり、路線価、固定資産税評価額または倍率が、事故物件における10%減算の影響を加味している場合には、路線価方式または倍率方式に基づく土地評価額には既に事故物件についての10%減算が反映済みであるため、これとは別に10%減算することは許されないことになります。

　例えば、対象地の接する路線価と近隣の路線価とを比較し、対象地の接する路線価が1割程度ディスカウントされているのであれば、路線価が事故物件における10%減算の影響を加味している状況と判断できますので、追加して10%減算することは認められないと判断できます。

　事故物件ではありませんが、「付近に暴力団事務所及びパチンコ店等」がある宅地の評価について、それらは路線価の評価時点ですでに存在しており、その事情は反映されているとした事例があります。

● TAINS：相続税　裁決　F0－3－294

　（貸地の評価／駐車場用地）　請求人らは、本件土地の付近に暴力団事務所及びパチンコ店等があることを理由に、本件土地の評価額は過大である旨の主張をしたが、暴力団事務所及びパチンコ店等は、路線

価の評定基準日において既に存在しており、公示価格や精通者からの意見価格には、その事情が反映されているから、本件土地の評価額は相当であるとした事例（平成■■年■■月■■日相続開始に係る相続税の更正処分及び過少申告加算税の賦課決定処分・棄却・平11－03－18裁決）【名裁（諸）平10－74】

　　　　　　　　　　　　【情報公開法第9条第1項による開示情報】

概要

〔裁決の要旨〕

1　請求人らは、本件土地の付近に暴力団事務所及びパチンコ店等があることを理由として、本件土地の評価額は過大である旨主張し、その主張の根拠として、暴力団に関する新聞報道の記事2件を当審判所に対して提出したが、具体的な額は主張しなかった。ところで、路線価は、公示価格等に基づき評定されており、その路線価を基に算定した価額は、特段の事情のない限り相続税の課税価格の計算においてその財産の時価と認めるのが相当と解されている。請求人の主張する暴力団事務所及びパチンコ店等は、本件路線価の評定基準日において既に存在しており、平成7年1月1日の本件公示地の公示価格や精通者からの意見価格には、請求人の主張する事情を反映しているものと判断される。したがって、本件土地の評価額は相当であり、請求人らの主張には理由がない。

（以下省略）

裁決年月日　H11－03－18

コード番号　F0－3－294

　　　　　　　　　　　　　　　　　　　　　　　　（下線は筆者）

　　ただし、実務上、この検証をするケースとしては、「忌み施設（汚水処理場、ごみ焼却場、墓地、火葬場等の住宅環境からの観点から嫌悪施設ないしは危険施設と考えられるもの）」が

近くにある土地であることが一般的です。つまり、外観的にその存在が判別できる場合といえます。そのため、事故物件のように、外観的には判別がつきづらいものに対しては、比較的10%減算しやすいのではないかと考えます（私見）。筆者の経験ではありますが、事故物件に対する10%減算はこれまで否認されたことはありません。もちろん、対象地の接する路線価と近隣の路線価との比較をした結果であることはいうまでもありません。

⑤　鑑定評価に基づく評価額の可否

　不動産鑑定士による鑑定評価額を基に相続税申告をする方法について説明します。評基通で評価してしまうと実態を表せないような土地は、不動産鑑定士に鑑定評価を算出してもらうことで、評基通の評価額より低くなることがありますが、不動産鑑定士による鑑定評価が必ず課税庁から認められるというわけではありません。また、不動産鑑定士に鑑定評価を依頼する場合、少なくとも数十万円程度の鑑定報酬を負担する必要があります。したがって、当該鑑定報酬を超える相続税を減額できなければコストパフォーマンスの観点からは見合わないことになります。総合的な観点から慎重に判断する必要があります。

　上記④における10%減算が否認された裁決例と同様、共有持分に暴力団関係者がいることの心理的要因等につき争われた事案ではありますが、納税者による鑑定評価手法としての標準画地比準方式における個別格差率算定における減価率（100分の30）が高過ぎるとして否認されています。結果、納税者側の減価率（100分の30）が通らず、原処分庁による減価率（100分の5程度）が妥当とされました。

● TAINS：相続税　裁決　F0 - 3 - 420

（宅地の評価／鑑定評価／隣接宅地・私道の共有持分の登記名義が暴力団関係者の場合）　請求人ら鑑定評価は、標準画地比準方式における近隣地域の範囲の判定及び標準画地の設定、標準画地と本件宅地の個別格差率（暴力団関係者に対する近隣対策費としての減価率30%）の算定などに問題があり合理性が認められない、一方、原処分庁鑑定評価には、合理性が認められるとして、原処分庁鑑定評価額が相続税評価額を下回ることから、その評価額を本件宅地の時価とすることが相当であるとされた事例（平成 20 年 7 月 1 日付でされた平成■■年■■月■■日相続開始に係る相続税の各更正処分及び過少申告加算税の各賦課決定処分・棄却・平 21 - 06 - 25 裁決）【広裁（諸）平 20 - 33】

【情報公開法第 9 条第 1 項による開示情報】

概要

〔裁決の要旨〕

1　本件は、審査請求人ら（以下「請求人ら」という。）が、相続により取得した宅地（幅員 4m の通り抜け可能な私道に接している。）の価額を不動産鑑定評価に基づく鑑定評価額により相続税の申告をしたところ、原処分庁が、当該宅地の価額は原処分庁が依頼した不動産鑑定評価に基づく鑑定評価額であるなどとして更正処分等を行ったのに対し、請求人らが同処分等は違法であるとして、その一部の取消しを求めた事案である。

2　請求人ら鑑定評価及び原処分庁鑑定評価のいずれの不動産鑑定評価も、いわゆる標準画地比準方式を適用している。この標準画地比準方式は、取引事例地等と評価対象地の地域要因及び個別的要因の比較を行って直接的に評価対象地の価格を求める直接比較方式に比べて、客観的で、評価担当者の主観が介入される余地が少ない方法であると認められ、鑑定評価実務上も多くの不動産鑑定士がこの方

法を採用しており、このような評価方法は、当審判所においても合理的なものと認められる。標準画地比準方式においては、地域の範囲の判定及び標準画地の設定の適否が鑑定評価額の精度に影響を及ぼすものと解される。

3　請求人ら鑑定評価は、本件宅地とは別の地域に存する本件標準画地を近隣地域の標準画地として価格形成要因の比較を行うなど、近隣地域の範囲の判定及び近隣地域の標準画地の設定に問題があり、標準画地比準方式の適用の手順に即していないばかりか、土地価格比準表の定めにも準拠していないと認められるから、請求人ら鑑定評価は合理性を欠くものと認められる。

4　請求人ら鑑定評価は、本件標準画地と本件宅地の個別格差率（100分の34）の算定に当たり、本件登記に係る要因を個別的要因のその他の条件の近隣対策費として、その減価率を100分の30と算定している。本件登記に係る要因は、現実的かつ具体的な危険性による要因ではなく、隣接宅地及び本件私道の各共有持分について暴力団関係者が登記名義を有していることに起因する心理的要因であると認めるのが相当であるから、費用性の観点から減価率を算定することは妥当ではなく、その合理性に問題がある。また、請求人ら鑑定評価が、市場性の観点からの減価率を100分の30と算定したことに合理性は認められない。

5　以上のとおり、請求人ら鑑定評価には合理性を欠く点が認められ、請求人ら鑑定評価額は本件宅地の時価を示すものとは認められない。

6　原処分庁鑑定評価の近隣地域の範囲の判定は、土地価格比準表の定め（地域の類似性及び価格水準）に照らし、合理性が認められるものであり、また、標準画地の設定も合理的になされているものと認められる。

7　原処分庁鑑定評価では、取引事例比較法による比準価格の算定過程において、本件登記に係る要因を地域格差の環境条件として考慮しているところ、本件登記に係る要因は本件私道に接するすべての

宅地に影響を及ぼすものと認められるから、これを近隣地域と類似地域の格差要因とみて地域格差の補正を行うことは、当審判所においても相当と認められる。

8　過去の本件私道沿いの宅地の売買や本件私道沿いの宅地上の建物の取壊工事に際し、暴力団関係者からの不当要求などが存した事実は確認できないことに加え、本件宅地が心理的要因により市場性に劣るとしても、実際に売買された後の売買価額から100分の20の減価が相当であるとした裁判例（平成7年8月29日東京地裁）における状況とは全く異なるものといえるから、原処分庁鑑定評価がこの心理的要因による減価の程度を100分の5程度と見積もったことは、当審判所においても相当と認められる。

9　原処分庁鑑定評価は合理的であると認められ、原処分庁鑑定評価額は本件宅地の相続税評価額を下回るから、本件宅地の時価は原処分庁鑑定評価額31,000,000円となる。これを基に請求人らの課税価格を算定すると、本件各更正処分の金額といずれも同額となるから、本件各更正処分は適法である。

裁決年月日　H21 - 06 - 25
コード番号　F0 - 3 - 420

（下線は筆者）

　上記裁決例では一部否認されていますが、筆者の経験上、事故物件につき鑑定評価額を用いて申告したことで、これまで否認されたことはありません。もちろんすべての鑑定評価が100％認められるということを保証するものではありませんが、少なくとも、鑑定評価額に合理性があれば、課税庁側にも認められやすいということはいえるかと思われます（私見）。その観点からも第4章（不動産鑑定）を参照してください。

⑥　売却価額による評価額の可否

　相続発生後、相続税の申告期限までに土地を売却した場合において、その売却価額が相続税評価額より低いときは、売却価額を評価額として申告する方法です。

　事故物件に関する直接的な裁判例や裁決例は見つけられませんでしたが、事故物件に限らず、売却価額による評価額の可否に関する考え方は基本的には同じです。つまり、評基通における「時価」の考え方を踏襲することになります。時価は不特定多数の当事者間で自由な取引が行われる場合に通常成立すると認められる価額であり、当該価額は主観的な要素は排除され客観的要素が考慮された客観的な交換価値を示す価額と位置付けられます。このように考えた場合、以下のポイントが導き出されます。

・納税資金確保等を目的とした売り急ぎなど、特別な事情は存在しないこと
・相続発生タイミングと売却タイミングが比較的近く、両者の間で地価等の市況の変動がないこと
・売却先は親族などではない第三者であること

　上記ポイントにしたがった売却価額であれば、筆者のこれまでの経験上、相続税申告で認められた事案は多々あります。ただし、鑑定評価額を採用する場合と同様、すべての売却価額が一律認められるわけではないことには留意が必要です。

2 事故物件が贈与税に与える影響

（1）贈与税の課税財産

　贈与税は、個人から贈与により取得した財産にかかります。この場合における財産とは、上記 1.（1）相続税の課税財産と同様、経済的価値のあるすべてのものをいいます。

　ただし、この場合の取得原因たる「贈与」とは、贈与者と受贈者との間で締結された贈与契約（民法 549 条）のみを指すのではなく、贈与契約に基づかない「みなし贈与」を含むとされています（相続税法 5 条～9 条の 5）。

　「みなし贈与」とは、法律的には贈与により取得したとはいえないが、財産を取得した事実や経済的な利益を受けた事実によって、実質的に贈与と同様の経済効果が生ずる場合に、税負担の公平の見地から、その取得した財産を贈与により取得したものとみなして贈与税が課税されることになります。

　具体的には以下のようなケース（低廉譲渡）が該当します（相続税法 7 条）。

> 1.　親から子へ土地を譲渡する。
> 2.　時価は 1,000 万円のところ、700 万円で譲渡する。
> 3.　300 万円（＝ 1,000 万円－ 700 万円）は親から子へのみなし贈与として、贈与税（19 万円）が課税される。

（2）財産評価における取扱い

　贈与税の課税対象となる財産に対する評価は、相続税の課税対象に対する財産評価の規定がそのまま適用されます。贈与税は相続税法に包含されており、また、財産評価基本通達についても、贈与税と相続税に共通して適用されます。

3 事故物件がその他の税目に与える影響

（1）所得税（譲渡税）に与える影響

① 第三者間における譲渡価額

　第三者間売買では、売り急ぎなどの特別な事情がなければ、客観的な交換価値で取引がなされることが一般的です。つまり、売買金額につき売買当事者間で合意形成されていれば、合意された金額が客観的な交換価値（時価）と考えることができます。

　しかしながら、例えば、1,000万円で売却交渉し成立近くになっていたものを、親族ではない知人に100万円で売却する場合などでは、その交渉経緯が明るみにでれば、購入した知人は、低廉譲渡（時価よりも低い金額での譲渡）と認定され、みなし贈与900万円（＝1,000万円－100万円）が認定される可能性もゼロではないと思われます。

　事故物件ではありませんが、第三者間売買でみなし贈与が認定された事例（さいたま地判平成17年1月12日）は存在します。当該裁判例では、相続税法7条（低廉譲渡によるみなし贈与）成立には、以下は不要であると判示されています。

・取引当事者が親族関係であること
・差額分を無償で譲り受ける意思（贈与意思）があること
・租税回避目的があること

　そのため、第三者間売買であれば、みなし贈与の可能性はないと断定的に判断するのはリスクを伴うと考えます。

②　親族間売買における譲渡価額

　親族間売買においては、客観的な交換価値（時価）が採用されにくい側面があるため、課税庁としても非常にシビアな判断をすることになります。つまり、低廉譲渡と認定され、みなし贈与課税となる可能性が第三者間売買よりも高いことを意味します。税務調査でも指摘されやすい項目の１つといえます。

　それでは、何をもって時価とすべきかという疑問が生じますが、最も説得力あるのは不動産鑑定評価になることは間違いありませんが、事故物件という個性を反映させる減額要素はあると考えます。詳細は第４章を参照してください。

　税務上、実務的に採用される時価として、相続税評価の1.25倍というものもあります。相続税評価額のベースとなる路線価は地価公示に基づく公示価格の８割設定となっていることから相続税評価額を0.8で割り戻す（換言すると、1.25を乗じる）ことで簡易的な時価が採用されるケースが実務上多くあります。ただし、100％確実に認められるものではありませんので、ケースバイケースでの判断になることにご留意ください。

（2）固定資産税・都市計画税に与える影響

　事故物件であっても軽減措置はありません。つまり、物件が事故物件か否かにかかわらず固定資産税は１月１日に所有していれば納税義務者に該当します。事故物件を相続した場合であっても例外規定は存在しません。そのため、被相続人が事故物件を所有している場合、そのまま相続すれば固定資産税を負担することになるため、市場価値が低い場合には相続放棄も検討されたほうが良いこともあります。相続放棄には期間制限があることを考えれば、被相続人の生前、もしくは、相続発生直後に市場価値を把

握する必要があるでしょう。

　また、空き家等対策特別措置法の施行（平成 27 年 5 月 26 日）により、「特定空き家」に指定された空き家の敷地は、固定資産税・都市計画税の軽減措置対象（下記**図表 5-1**）から除外されます。さらに、同法律の改正法施行（令和 5 年 12 月 13 日）に伴い、特定空き家化の未然防止の観点から、「管理不全空き家」に指定された空き家の敷地についても、「特定空き家」と同様、固定資産税・都市計画税の軽減措置対象（下記**図表 5-1**）から除外されることになります。そのため、事故物件が「管理不全空き家」「特定空き家」に指定された場合、維持費としての固定資産税負担は非常に重いものとなります。所有維持するか、譲渡するか、相続するかなど、場面ごとの慎重な判断が求められます。

■図表 5-1　固定資産税と都市計画税の課税標準の軽減

	小規模住宅用地 200 m² 以下の部分	一般住宅用地 200 m² 超の部分
固定資産税	固定資産税評価額の 6 分の 1	固定資産税評価額の 3 分の 1
都市計画税	固定資産税評価額の 3 分の 1	固定資産税評価額の 3 分の 2

（3）流通税（不動産取得税・登録免許税）に与える影響

　固定資産税と同様、事故物件であっても軽減措置はありません。そのため、通常の物件と同様の課税がされます。中古住宅およびその敷地に関する売買を前提にすると、以下のとおりです。

不動産取得税：税額＝課税標準額 × 税率

課税標準額：固定資産税評価額

不動産の取得時期	土　　地	住宅用の家屋	住宅用以外の家屋
平成 20 年 4 月 1 日から令和 6 年 3 月 31 日まで※	3％	3％	4％

※令和 6 年度税制改正大綱より、令和 9 年 3 月 31 日まで 3 年延長予定

登録免許税：税額＝課税標準 × 税率

課税標準額：固定資産税評価額

	土　　地	既存住宅
原　　則	2％	2％
軽減税率	マイホーム問わず	中古マイホーム軽減特例
	1.5％	0.3％
	令和 8 年 3 月 31 日まで	令和 6 年 3 月 31 日まで※

※令和 6 年度税制改正大綱より、令和 9 年 3 月 31 日まで 3 年延長予定

第6章

事故物件の再生

自身が所有や管理をしている不動産が事故物件になってしまったら、突然の出来事で何から始めたらよいかわからないという方がほとんどでしょう。人の死による腐敗臭は到底耐えられるものではなく、近隣に迷惑もかかるため、一刻も早く対処することが必要です。

　特殊清掃一次処理は、周囲への影響を最小限にとどめるという目的がありますので、初期の消臭を行うことが重要です。対処が遅くなると、不動産（物件）としての価値を下げてしまうことがあります。本章では、スムーズに作業依頼できるよう、また、トラブルなどに遭わないよう、流れを解説します。

1 特殊清掃を依頼する前に

（1）事案が発生した際の初動対応

　事故物件を発見したら、まずは、警察、保証人、相続人に連絡をします。入居者の部屋に勝手に入るとトラブルに発展する可能性がありますので、警察と保証人に連絡することは必須です。連絡後、警察が「事件性がないかどうか」を確認します。確認期間としては一般的には2週間程度が多く、長い場合は2年間ほどかかることがあります。最短は3日などというケースもありますが、少ないようです。

　仮に亡くなった方の部屋に大量のインスリンの注射が見つかり、「病死」の可能性が高いと判断されるような場合でも、警察側の調査は最低数週間かかると見込んでおいたほうがよいでしょう。警察から許可がおりた後、親族や賃貸人（大家）は初めて清掃・遺品整理の依頼ができるようになります。

　賃借人（入居者）が亡くなっても賃貸借契約は継続され、その権利は相続人に移ることになります。

①　発見されるパターンや亡くなる場所の傾向

（ⅰ）　発見されるパターン
- ・ポストや玄関先の郵便物の蓄積
- ・ハエの大量発生
- ・死臭や尿失禁、吐血の匂いの発生
- ・家賃の滞納
- ・勤務先等の無断欠勤
- ・室内の電気がつけっぱなし
- ・親族や友人からの連絡に応答がない

（ⅱ）　亡くなる場所の傾向
- ・洗面室や浴室内でのヒートショック、熱中症による死
- ・トイレで踏ん張ったタイミングでの発作
- ・布団やこたつの中における睡眠中の発作
- ・玄関付近（発作で倒れ、助けを呼ぶために玄関へ向かう途中で死亡）

②　清掃業者の施工の流れ

　特殊清掃の手段や流れに画一的なものはなく、業者ごとに多少異なります。以下に、数社の業者に施工内容と流れをヒアリングした結果を記載します。

※同じ質問を投げていますが、業者によって回答の詳細さが異なります。

（ⅰ）　A社の回答
1. 業務の積算書、請負契約書、施行に対する委任状取得
2. 進行防止剤設置（書類受領までの間、体液等の臭気を落ち着かせる目的）
3. 飛散防止施行（外部への臭気、菌を飛散させない施工）
4. 発生物除去（体液、血液等、発生物の付着物、浸透物を含む）

5. 既存床除菌洗浄

6. 水回り除菌洗浄（台所シンク、トイレ、浴室等）

7. クロス剥ぎ取り（状況によって）

8. 仕上げ消臭施行（オゾン消臭は不可としている）

（ii）　B社の回答

1. ハエやウジなどの害虫駆除

2. 初期の空間除菌

3. 体液付着物（布団や衣類など）の袋詰め

4. 血液や体液などの撤去、洗浄

5. オゾン消臭

6. 最終的な消臭作業（※オゾン消臭だけでは臭いが取り切れない場合）

（iii）　C社の回答

1. 除菌、消毒剤散布

2. 害虫駆除

3. 体液付着物の袋詰め

4. 体液付着部分の内装の拭き取り作業、必要に応じて最低限の解体

5. 要望があれば遺族による貴重品、形見の整理

6. 遺品整理

7. 仕上げの消臭剤散布

（iv）　D社の回答

1. 一次処理（応急処置、被害の進行、拡大をとどめ、安全に遺品整理ができる状態にする）

　・初期消毒（薬剤噴霧）

　・汚染物の密封梱包、撤去

　・血液、体液の洗浄

　・オゾン消臭（初期の粗消臭作業）

2. 二次処理（室内を空にして本格消臭をする）

　　　・遺品整理、残置物撤去
　3.　三次処理（本格消臭作業）
　　　・内装解体（臭いを吸い込んだ壁、クロスの撤去、床材等
　　　　の切り取り撤去
　　　・ルームクリーニング作業（撤去部分と洗浄部分を分けて
　　　　作業し臭いを落とす）
　　　・特殊コーティング作業（基礎部など耐久性に支障がない
　　　　場合コーティングで臭気を遮断）
　　　・オゾン消臭

　これらの施工内容を比較してみると、オゾン消臭を使う業者と
そうでない業者に分かれます。独自に消臭技術、薬剤を持ってい
る業者は、オゾン消臭を使わない傾向があります。
　特殊清掃をどの業者に依頼するかは非常に重要です。近隣への
臭気漏れが発生しているなど緊急性のある場合には落ちついて比
較検討することは難しいかもしれませんが、技術が画一的でない
からこそ慎重に検討することが必要になります。

（2）遺品整理と特殊清掃について

　遺品整理業者は通常の相続が発生した際に依頼することがある
かもしれませんが、特殊清掃業者は事故物件に遭遇することがな
ければ、なかなか関わる機会のない業者ではないでしょうか。
　一見すると全く異なるサービスに感じる遺品整理と特殊清掃で
すが、実は相互に関係している部分があります。どちらに依頼す
るのが適切なのか判断するために、まずは遺品整理と特殊清掃の
違いやつながりなどを解説します。

① 遺品整理

　遺品整理とは、主に故人が生前使っていた衣服や家電製品、趣味のものなど身の回りにあったものを整理することです。遺品整理を業者に依頼すると、多くの場合、自宅や部屋に遺された遺品を分別・整理したうえで搬出してくれます。また、遺品整理業者の中には処分するだけでなく、買取業務まで取り扱う業者もあります。このような遺品の買取りまで対応してくれる業者であれば、遺品が買取査定された結果、遺品整理代金と相殺され低価格での荷物処分が可能であったり、買い取ってもらう遺品次第では、逆に買取り代金を受け取ったりすることもできます。

　参考までに、整理対象の荷物の所有者が存命の場合は、遺品整理ではなく生前整理と呼ばれています。

② 特殊清掃

　特殊清掃とは、故人の遺体が発見された部屋などにおいて、原状回復を目指して清掃することです。例えば、一人暮らしの高齢者が孤独死した場合には、遺品が残された当該室内の床や壁などに血液や体液が付着していることがあります。一般の方では、腐敗している血液や体液などの汚れを取り除く技術もなく、心理的にも負担が大きすぎる場合があります。そこで、特殊清掃を取り扱う専門家が蓄積されたノウハウを投入することで室内を清掃し、部屋などの原状回復が図られます。

③ 遺品整理と特殊清掃の違い

　遺品整理および特殊清掃は、故人の部屋などに入って片付けをするという点では共通しています。ただし、両者の間には以下の3点について違いがあります。

・作業範囲
・所要時間
・料　　金

（ｉ）　作業範囲

　まず、遺品整理と特殊清掃の間には、作業範囲に関して違いがあります。遺品整理の対象業務は、あくまでも「遺品」だけです。部屋に残された物品の処理のみが行われます。これに対して、特殊清掃の対象は「故人が亡くなったという特殊事情を抱える部屋の清掃」です。

　つまり、人が亡くなった部屋が体液等によって汚損されている場合、遺品整理だけを専門にしている業者に依頼しても清掃業務はやってくれず、物品の片付けしかやってくれないということです。そして実際のところ、遺品整理業者の中には、室内が正常な状態でない限り遺品整理業務を拒絶することがあります。

（ｉｉ）　所要時間

　次に、所要時間の違いがあります。作業内容の違いは、所要時間にも影響します。遺品の量にもよりますが、遺品整理は数時間～2日程度で作業が終了することが多いのに対し、特殊清掃は1日～1週間程度要することもあります。特に特殊清掃の場合は施工後数日経ってから室内の臭気確認をする必要があるため、より時間がかかる傾向があります。

（ｉｉｉ）　料　　金

　最後に、料金の違いです。通常の遺品整理の料金は数万円～20万円程度（遺品の量や地域によっても料金が変わります）で完了するのに対し、特殊清掃は専門的な技術や薬剤、道具などを使って原状回復を図るとともに、臭気のついた遺品の処分も行います。よって、遺品整理よりもどうしても高額になりま

す。特殊清掃の費用については室内の状況に大きく影響を受けますので、広さや遺品の量だけでは一概にいえないということも特徴です。

　では、特殊清掃の仕事内容とは具体的にどのようなものでしょうか。実は、遺品整理とのつながりもみられます。以下をご覧ください。

④　特殊清掃の仕事内容

　先述のとおり、特殊清掃の仕事は「故人が発見された室内の原状回復」を目的として行われるものであり、施工の流れや詳細な技術は企業によって区々ですが、大まかにまとめると以下の項目になります。

・血液、体液の除去

・臭気（死臭等）の除去

・害虫駆除

・遺品整理

　部屋に残された遺体は、発見が遅れると、血液や体液によって壁や床を汚損することがあります。特殊清掃では特殊な薬剤を使用することで汚損箇所の染みを除去することもあれば、フローリングの解体・原状回復工事が必要になることもあります。

　また、死臭等の原因の除去、残存する臭いへの対策が行われます。悪臭が染みついている荷物などの処分はもちろん、特殊清掃の作業終了時には、残存する臭いを除去するためにオゾン脱臭装置を数日間稼働させたり、独自の消臭技術で消臭したりすることもあります。

　害虫駆除も特殊清掃業務の一つです。遺体は、夏場なら2～3日、冬場でも1週間程度で腐敗が進行します。細菌が繁殖し、ウジ、ハエ、ゴキブリなどの害虫が大量に発生するためこれらを

駆除します。

　そして、特殊清掃の仕事の範囲として遺品整理も行います。そもそも、遺体が残された部屋の汚損箇所を除去するなどの原状回復を目指すにあたって、部屋に残された臭いの付着した遺品は、臭気を除去するうえで妨げになります。したがって、汚損箇所や悪臭、害虫の除去駆除を行う中で、並行して遺品の整理が行われることになります。そうはいっても、故人の遺品が乱雑に扱われるわけではありません。遺族からの依頼があれば、その意向を踏まえ、ある程度の消臭を終えた後、室内に立ち入ることも可能です。

　このように、特殊清掃の業務にはほとんどの場合遺品整理が含まれますので、両業務は密接なつながりがあるのです。

（3）これらの業界について知っておくべきこと

　実は特殊清掃や遺品整理の事業を新規に開業しようとする際に、免許や許可などは特に必要ありません。よって、知識や経験が少ない人が事業をやっていることも多々あります。極端な話、トラックが1台あり体さえあれば、明日から「特殊清掃や遺品整理業者」と名乗れてしまうのがこの業界です。

　仮に電話の対応がとても好印象であったとしても、それがイコール「良い業者」とは限りません。所有している不動産において人が亡くなってしまい対応を迫られている状況において、一刻も早く対応しなければ近隣に迷惑がかかったり、慎重になりすぎて建物の被害が拡大するリスクがあったりすることを考えると、すぐに対応してくれる業者を探して比較検討せずに決めてしまいがちです。しかし、冷静に考えないといけないのは、そういう慌てる気持ちがある時こそ、金額的に足元を見られたり、技術や経験の足りない業者に頼んだりしてしまうリスクがあります。よって、冷静に、賢く選んでいくことが非常に重要なのです。

2 特殊清掃業者選定のポイント

　ここでは事故物件に直接的関係のある特殊清掃工事を依頼するにあたり、良い業者を見極める方法や注意点について解説します。

（1）検索サイトで上位表示された業者だからといって安心しない

　インターネットで検索し、表示順に問合せをする方もいますが、上位表示された業者が良い業者とは限りません。例えば、Googleなどの検索サイトで「特殊清掃」と入力した場合、"スポンサー"と記載された業者のホームページが表示されますが、このスポンサー枠は広告費を支払うことで、上位表示が可能になります。また、スポンサー枠以外で上位表示されている業者は、インターネット戦略に長け、上位に表示されるために時間と費用をかけて取り組んでいるため、業歴の長さや実績の多さなどに裏付けられた顧客からの信頼とは結びつかないことがあります。

（2）ホームページの情報から業者の良し悪しを見分ける方法

　検索で出てきた業者が信頼できるかどうかを見分けるためには、下記の6点のチェックがおすすめです。

① 　インターネット地図検索サイトで会社住所をチェックする

　住所で検索して出てきた場所がどんな雰囲気なのかチェックしましょう。郊外の閑散とした場所に倉庫がある場合が多いようですが、そこは問題ではありません。会社としての実態があ

るのかどうかを確認し、不安であれば見積もり相談の段階で、事務所や倉庫がどこに存在するのか等を確認するとよいでしょう。

②　口コミをチェックする

業者チェックの王道ですが、とても大事なことです。検索したサイトの名前が、会社名の場合とサービス名の場合があります。例えば当社の場合でいうと、会社名が「マークス不動産」で、サービス名が「成仏不動産」となります。

それぞれで検索することをおすすめします。また、口コミの評価も点数で出ていますが、点数のチェックだけでなく、どのようなコメントが入っているかもチェックが必要です。★マークだけがついている場合、社員等の関係者が評価している場合がありますので、より具体的なコメントをチェックしてください。

③　代表取締役の名前を検索する

社長の名前を検索することで様々な情報が出てくる場合があります。社長の人となりが会社の特性にもつながります。少しでも情報を集めることが安心につながるのです。

④　価格につられない

顧客心理としては、当然ながら少しでも安い業者に依頼したいという想いはあるでしょう。ここで注意が必要なのは、ホームページなどに記載されている金額ではなく、最終的に支払う金額が安くないと意味がないということです。

想像してみてください。仮に事前の電話などでのやり取りで、安く施工できると言われていたとします。実際に現地で立会いをした際に、近隣まで広がるような臭気があった場合、依

頼者が室内に入るのは難しい状況です。そんな中で業者に、「実際に我々が室内に入ったところ、床や壁が想像以上に汚損していて解体作業が必要です。臭気も想定していた状況よりひどく、大きく壊さないと臭いがとれません。事前のご説明では○万円というお話でしたが、○○万円はかかります」と言われたとします。読者の皆さんはどういう対応をされますか。

　仮にその不動産の場所が自宅からかなり離れた場所で、休みを取ってようやく時間を合わせて現地立会ができた状況であればどうでしょうか。その情報が正しいかどうかも判断がつかず、「他社に頼んでも一緒なのではないか」という心理が働いてしまい、断り切れず依頼してしまうという方も多いのではないでしょうか。

　では、良い業者であれば現地を確認して大きく金額が増えることがないかというと、そういうことではないのです。本当に良い業者は、トラブルを避けるため、あえて事前に金額を言わないことのほうが多いのです。

　事前に金額を確認したい気持ちは理解できますし、確認すること自体が問題ではありませんが、「少しでも価格が安い業者」を判断基準にすることのリスクもあわせて理解することが必要です。

⑤　ホームページをチェックする

　検索で開いたページが、その業者のホームページ（以下、「HP」という）の場合と、ランディングページ（以下、「LP」という）と呼ばれる広告用のページである場合があります。違いは複数のページで構成されているものを HP と呼び、1 ページで構成されているものを LP と呼びます。見分け方は、画面上でスクロールするとずっと下まで長く続いているようなサイトは LP だと思ってよいでしょう。LP が悪いというわけでは

ありませんが、見たサイトが LP であった場合、別に HP が存在する場合があります。会社概要から社名を検索し、その業者の HP をチェックすることで、ほかにどんな事業をしていて、本業は何なのか、会社の雰囲気などを確認することができます。

⑥　HP（LP）内の具体性をチェックする

顧客と一緒に写っている写真やコラムなど、顧客と近い感じがある HP になっているかを確認するとよいでしょう。顧客に信頼されている業者であることが一番大事なポイントです。

LP などでは、「○○○件の実績」や「○○業界のパイオニア」といった一見凄そうな言葉が並ぶことがありますが、本当なのか確認が取りづらく、「言ったもの勝ち」といった感も否めないため、そのまま鵜呑みにするのは禁物です。

（3）　見積もり相談の連絡段階で業者の良し悪しを見分ける方法

HP などをチェックし、具体的にここに相談しようとなった場合、電話やメールでまずは連絡を入れ、事前の相談やアポイント調整などをすると思われます。その際にチェックしたい項目があります。

①　焦らされない

特殊清掃を依頼する場合、依頼者側が焦っていたり、身内が亡くなった心痛により正常な判断ができなかったりする場合があります。そんな状況だからこそ、依頼者側に寄り添った丁寧な対応をしてくれる業者を選びましょう。現地に見積もりにいった段階で、必ず契約しないといけないような話し方をする

業者は、注意が必要です。

② 電話の段階で見積もり提示してくる

現地を確認せずに見積もりを出すことは不可能です。例えば、家具等の荷物の量、亡くなった場所や体液等の浸透状況などによって大きく費用が変わります。もし、電話の段階で見積もりが出せるような場合は、慎重な対応が必要です。また、その金額がかなり安い場合は、即お断りでよいでしょう。

③ 見積もりから施工完了までの流れを確認する

ほとんどの方が、特殊清掃を依頼するような経験をしていないでしょう。当然ながら依頼者はどのように進めていけば良いか、不安になるものです。見積もり、契約、施工、完了確認、支払期日などを確認し、丁寧に説明してくれる業者を選ぶ必要があります。具体的に施工となった場合の流れなども質問してみてください。

④ 臭いをゼロにできるかどうかヒアリングする

この質問は業者の姿勢を確認する重要な質問です。この質問に対する回答としては大きく３つに分かれます。
（ⅰ）完全に臭いをゼロにできる自信があります
（ⅱ）人の嗅覚ではほとんどわからないようにはできますが、ゼロを約束することは無理です
（ⅲ）臭いが残るのは仕方ない

（ⅰ）の完全にゼロにできると言いきる業者は、筆者が知る限り全国にチラホラいます。この回答ができる業者は、自分の仕事に自信とプライドがあり、素晴らしい業者が多いです。この回答がでればまずは合格だと言えます。

次に（ⅱ）の回答ですが、これは分かれます。

過去に臭いが取れず苦労した経験があるパターンや、自分はないと思っていても依頼者が敏感になりすぎているパターンもあります。これは実際によくある話で、依頼者が臭いがあるものと深く心に刻んだ状態でクンクンしながら建物に入ると、空き家の独特の臭いや薬剤のかすかな臭いを死臭と勘違いしてしまうのです。

一方でこのパターンは誠実さの裏返しであることがあります。筆者もいろいろな特殊清掃業者の代表の方と話をしますが、技術に自信があり、実際は臭いが残るようなことはほとんどないにもかかわらず、誠実だからこそ絶対はないという意味でこのような説明をする場合があります。

（ⅲ）はお断りでよいでしょう。絶対にダメな業者だとは限りませんし、こう話す良い業者は数多く存在します。しかし、最初にこのように説明を受けてしまうと、施工後にどうしても臭いが気になっても言えなくなる雰囲気が出ます。

よって、臭いをゼロにすべく努力してくれる業者を選ぶのが無難であると言えます。

⑤　やり直し保証が可能かチェックする

一番重要な質問です。この質問は前の臭いをゼロにできるかの質問を補完する質問になります。

ここでやり直し保証がないという回答であれば、お断りでよいでしょう。1回まで可能という回答も、できれば避けたほうが無難です。やり直しを含め2回で取れない可能性があるということを言われているのと同じですので、少し心配になります。

④のヒアリングで、ゼロにする自信があると回答し、やり直しも何度でもすると言い切れる業者は相当信頼がおけます。

（4）当社が相談を受けたトラブル事例

①　やり直し施行に追加料金がかかると言われたケース

　　依頼者自身が選んだ特殊清掃業者の施工後、内覧をするとまだ強い臭気が残っており、床下を開けてみると体液が染みている状態でした。依頼者は業者にやり直し施工の依頼をしたものの、追加料金がかかると言われてしまい、悩んだ挙句、当社に相談に来られたケースです。

　　当社が内覧をしたところ、クッションフロアの一部をカットしてチェックした跡はありましたが、巾木やクッションフロアの切れ目などから体液が床下に染み出しており、その部分をチェックしていなかったことが原因で臭気が取りきれていないことがわかりました。

②　やり直し＆解体作業で多額の費用が発生したケース

　　依頼者自身が選んだ特殊清掃業者に、ワンルームマンションの一室の特殊清掃を依頼したところ、施工後も臭いが取れず、追加費用を出し室内をスケルトン状態[13]まで解体したもののそれでも臭いが取れず、なんとかしてもらえないかと泣きつかれたケースです。

　　現地を確認したところ、残された配管部分（左写真の男性が見て

13　室内の壁などを取り除いてしまい、躯体むき出しのような状態に解体した状態のこと。

いる部分）に体液が残っていたことが発覚し、即対応し完了しました。やり直し施工が無料でなかったため、この依頼者は多額の特殊清掃費用を支払うことになり、さらに業者の技術不足が重なり室内をすべて壊されてしまった事例となりました。

（5）特殊清掃業者の選定が難しいポイント

特殊清掃業者の選定には、2つの大きな難しいポイントがあります。

① 特殊清掃業者の技術の良し悪しがわからない

まずは、技術的にその対応が正しいのかどうか、依頼者は判断ができないという点です。筆者が実際に経験したことですが、大阪のある葬儀社から特殊清掃について「孤独死が発生した不動産で特殊清掃の見積もりをしてもらったら、臭気が相当ひどく建物をスケルトンのような状態にしないと臭いが取れないため、90万円以上かかる見積もりが出たのですが、それは正しいでしょうか」との質問を受けました。筆者は「現地を確認しないと何とも言えません」と前置きをしたうえで写真を確認したところ、判断が間違っている可能性があると感じました。実際に後日現地に出向き確認したところ、想像どおり、スケルトンにするほどの解体は不要で、費用も半額近くですみました。この事例では、特殊清掃費用が半額近くになっただけではなく、原状回復費用まで考えると数百万単位の費用を抑えることができました。この事例のように対応一つで大きな価格差がでるにもかかわらず、それを判断することができない難しさがあります。

② 現状把握ができない

　２点目は、ほとんどの場合で依頼者は清掃前に室内に入れないという点です。

　先述のとおり、室内はハエなどの害虫を媒体として菌が浮遊している状態であるため、健康面の問題と、親族が亡くなった場所を確認するという心理的負担の両面で入室が難しくなります。ただでさえ技術面での判断が難しい中で、現地にも入れない状況となりますので、現実的には特殊清掃業者を完全に信用して依存するしかありません。

　目の届かない場所で活動してもらうからこそ、業者選びは金額や技術以前に、その業者の仕事に対する信念が最も重要になります。なぜその事業をすることになったのか、どんな思いやこだわりで取り組んでいるのか。誠実な代表であり会社であるのか。この信念の部分を最大の業者選定ポイントとすることで、間違いのない特殊清掃が実施できるものと考えます。

（6）最終契約前のチェックポイント

　契約のサインをする前が、最後に業者を見分けるタイミングです。失敗することのないように、慎重に対応することが重要です。

① 知っている情報はすべて伝える

　警察などから聞いている情報があればすべて業者へ伝えましょう。死亡場所、臭いの強さ、死因、ハエなどの害虫の有無、発見までの日数、故人の性別、年齢、体形、持病など、できる限り情報を伝えておくことで、業者側も準備がしやすくなります。

②　最終の施工内容と見積もりを確認する

　トラブルが発生しやすいポイントとして、「施工を始めてみると当初想定していたよりも建物への影響が大きく、解体範囲の変更など金額が変わる場合」があります。実際に必要な工事や費用は避けられませんが、「終わってみたら高くなっていた」という事態は避けなければなりません。契約前の段階で、施工内容を確認し、追加費用が発生する場合は連絡を入れてもらうこと、またその原因となる部分を写真で情報提供してもらうように伝えておきましょう。

③　契約書にやり直し保証特約を明記してもらう

　やり直し保証が一番のトラブルポイントになります。口約束は、言った言わないの原因となりますので、必ず書面で残しておきましょう。

④　遺品の選別対応を決めておく

　特殊清掃のもう一つのトラブルポイントは、荷物等の処分です。臭いがある程度とれた段階で依頼者が室内に入るのか、それともすべて業者に任せるのか。貴重品や重要書類が出た場合はすべて捨てないように依頼をしておく必要があります。臭いがひどい状況の場合、まとめて処分されるリスクがあります。

　再発行できるものであればよいですが、中には取返しのつかないものもあります。ここは慎重な対応が必要です。過去には、手紙やアルバムを処分されてしまったケースや、お金以上に大切なものが失われたケースもありました。また、依頼者の想定外の出来事として、ごみ屋敷だった室内から1,800万円ほどの現金がゴミ袋から出てきたというようなケースもありました。万が一でも処分されてしまったり、業者の懐に入れられ

てしまったりすることのないように、重々念押ししておきま
しょう。

⑤ 支払方法、タイミングを確認する

　支払いのタイミングは、施工がすべて完了してからが一般的
ですが、業者によっては先に請求してくるケースがあります。
その場合でも、施工完了前に全額を支払う契約は避けるべきで
す。

⑥ 相続放棄について確認する

　仮に故人に債務があった場合、資産の状況次第では相続放棄
を検討する場合もあるでしょう。特殊清掃や遺品整理などで財
産の処分をしてしまうと、相続放棄ができなくなります。施工
に入る前に、再度未把握の債務がないかの確認が必要です。
　例えば、室内やポストなどに債務を催促されているような書
類がないか、十分確認しておきましょう。

3 特殊清掃費用

　特殊清掃費用は不明確な部分が多くありますが、変動する要素をいくつか分類してまとめました。

①　地域差

　建築工事などと同じく、特殊清掃費用も地域格差が生じています。都市部になるほど高額になり、地方へ行くほど価格が下がる傾向があります。特殊清掃費には、以下も含まれます。

- ・人工代
- ・ガソリン代
- ・高速代
- ・駐車場代
- ・処分費　等々

②　施工のしづらさ

　機材が積んであるトラックから、対象不動産までの距離も価格に影響します。

- ・エレベーターなしのマンションの4〜5階
- ・タワーマンション
- ・車が入れない狭小道路
- ・近隣に車が止められずに駐車場が離れている　等々

③　季　節

　特殊清掃は季節の要因を強く受けます。夏場は腐敗のスピードが速く、建物の損傷も大きくなる傾向があります。逆に冬場は1〜2週間経っても腐敗が進んでいない場合もあります。

④ 故人の体形

故人の性別、身長、体重、年齢などが影響します。体が大きいほど体液が多く、建物への損傷も大きくなります。

⑤ 亡くなった場所

亡くなった場所によって、影響範囲が大きく変化します。布団の上などで亡くなった場合は建物への被害は限定的ですが、台所、トイレ、和室とリビングの間など、フローリングの継ぎ目や住宅設備の交換を伴うような場合は高額になります。

また、アパートなどで2階や3階の部屋で孤独死が発生した場合、3階から1階まで柱を伝って体液が流れているようなケースもあり、このような場合は特殊清掃範囲が広がりかなり高額になります。浴槽で自動保温機能が作動していた場合なども、仮に発見まで2～3日であったとしても液状になった状態で腐敗してしまい、そのまま浴槽に流せないことから清掃費用が高くなってしまいます。

そのまま流すという対応をする業者や警察が栓を抜くといった場合もあるようですが、配管が詰まったり、配管から臭気が漏れたり、他の階の住民によるクレームが発生するなど、さらに大きな問題となりますので、要注意です。

4 原状回復、リフォームの依頼

　筆者は常々、その事故物件に、どのような人に住んでもらいたいか、どのような人が住む予定なのかを想定し、逆算でリフォーム工事や原状回復工事の範囲を決め、その工事にあわせて特殊清掃をすべきであると発信しています。このことを、「逆算で清掃する」と表現しています。

　例えて言うなら、100メートル×4人の400メートルリレーに参加した時に、一人目の走者が200メートル走ってしまうと残りの選手はバランスが悪くなってしまう感覚です。ゴール（どういう人に住んでもらうか）を最初から理解するからこそ、走りすぎず、足りなさすぎず、ちょうど良いリフォーム工事や特殊清掃工事ができると思っています。

　都心の高額エリアであればフルリノベーションを計画しても良いですし、地方の価格重視のエリアであれば、解体する範囲を最小限に抑える工夫が必要になります。このあたりのタクトを振るのは、不動産業者が適任ではないかと思っています。特殊清掃の依頼をする前に、まずは不動産業者に相談をし、再生プランを検討したうえでリフォーム工事や原状回復工事内容を決め、特殊清掃の範囲を指示する。違和感を受ける流れかもしれませんが、これが本来一番理想的な流れだと思っています。

　リフォーム工事や原状回復工事の依頼先ですが、最近では、特殊清掃会社がリフォーム工事業を始めるケースや、逆にリフォーム会社が特殊清掃業を始めるケースなどがあり、同時に依頼できる場合があります。しかし、基本的には完全に別事業となりますので、それぞれの業者に依頼するのが一般的です。

　業者選定の注意点としては、人の死が関連した不動産であることを事前に告知すべきです。当社がリフォーム工事、原状回復工事を発注する際に、事故物件であることがわかると、一定数の業

者で断られたり、割増料金の請求をされたりすることがあります。さらにひどいのは、成仏不動産サービスをしている関係で、通常の物件のリフォームを依頼しても事故物件だと勘違いされ、断られてしまうことがあるということです。さすがに慣れっこになっていますが、毎回少し残念な気持ちになります。

（1）市場調査

　当社が査定金額を算出する場合、該当物件周辺の取引事例や事故が発生していない前提での想定相場、過去に弊社で取引した事例などを基に計算していきます。しかしながら、同じような条件であったとしても季節的要因や地域の差などまだまだ不確定要素は多く存在します。

　筆者はこの現象を「生け簀（す）」に例えて、「生け簀に魚がいればすぐに釣れる（契約が決まる）し、一匹も魚がいなければいくら釣り針を垂らしてもいつまでたっても釣れない」という表現をしています。これは、このエリアに不動産を探している人がどの程度いて、そのうち事故物件でも気にしないと考える人がどのくらいいるのかで、すべてが決まると思っています。

　市場調査をする際には、そのエリアにどのくらいの物件が流通し、どのくらいのスピードで動いているのかがとても大事な要素になります。

　また、売買用の事故物件の場合であっても、購入者本人が居住目的で購入する場合もあれば、賃貸で入居者を募集し、投資用不動産として購入を考える投資家もいます。そのため、賃貸相場や空室情報はとても重要な指標になります。

（2）リフォームの方向性の決定

　一般的に事故物件は、「怖い」「暗い」「気持ち悪い」といったイメージを持たれています。また、実際に孤独死や自殺などが発生する部屋は、ごみ屋敷だったり、カビの多い部屋だったりもします。

　筆者が考えるリフォームの方向性としては、世の中の人がイメージする事故物件の真反対のリフォームをしていきたいと考えています。

　これは、事故物件のそもそもの「イメージを変えていきたい」という信念の部分と、二度と不幸なことが起こらないように「事故が発生しづらい内装にしたい」という想いから企画しています。

①　リフォームの一例（高額エリア）

- ●色　　　：床や建具、壁紙の色を全体的に明るくする
- ●開放感　：狭い面積を広く見せる工夫（天井を抜く、壁の撤去、可能な限り梁の撤去など）
- ●照　明　：普通のシーリングライトだけでなく、ダウンライトやペンダントライト、間接照明を採用
- ●床　材　：無垢の床材や無垢風の床材を使用し、自然感を醸成する
- ●台　所　：対面型オープンキッチン
- ●壁　紙　：ビニールクロスではなく漆喰や健康に悪影響を及ぼさない塗料を使う
- ●アート　：壁画アートを採用し、数十年先も価値が残る住宅を目指す

②　リフォームの一例（低価格エリア）

●色　　　：明るめの塗装
●照　明　：明るいシーリングライト
●床　材　：ワックスがけ
●台　所　：シンク等の研磨
●壁　紙　：明るいクロスに張り替え
●浴　室　：浴槽の研磨
●アート　：壁掛けの絵画

　以上のように、リフォーム工事や原状回復工事をする際も、エリアの特性を考えながら予算を先に決め、その範囲内で明るく開放的なリフォームの企画をしています。

　事故物件に抵抗がある人の目線で考えると、「大きくリフォームしないと契約できないのではないか」という質問を受けますが、実際はまったくそんなことはありません。平気な人は、シンプルに平気です。我慢ではなく全く気になっていないという感覚です。相場より少し安ければそれで十分だったりします。

　違和感を持たれるかもしれませんが、我慢して事故物件に住んでいる方は、筆者の周りにはほとんどいません。

第7章

事故物件を
出さないための
賃貸人（大家）側
の対策

超高齢社会への突入、生涯未婚率上昇による単身者の増加が止まりません。孤独死の増加は、今後よりいっそう避けて通れない問題になるでしょう。また、不景気などの影響も後押しし、生活苦による自殺の件数は今後減少しないと考えられます。

1 オーナー側の対策

（1）賃貸人（大家）側が最低限できること

事故物件をなるべく発生させないために賃貸人（大家）側ができることは実際に限られていますが、いくつかあげてみます。

① 孤独死

（ⅰ） 見守りサービスの導入

孤独死による事故物件化を回避するためには、賃借人が亡くなった際に発見を早くすることが必要になり、見守りサービスなどの賃借人の異常を検知するサービスを取り入れることがとても有効です。人感センサーのようなものから、水道や電気メーターを利用したもの、最近ではスマートフォンを指定した一定期間触らないと通知が届くような見守りシステムも生まれてきています。日本国内では、今後孤独死が増えることが想定されることから、ビジネスの可能性を狙う企業も多くあります。海外の企業も参入し始めており、今後さらに孤独死を回避するための良質なサービスが展開されていくことも期待されます。常にアンテナを高くし、積極的に見守りサービスを導入することをおすすめします。現在の見守りサービスの詳細については後述します。

（ⅱ） リフォーム等による建物の改善

孤独死が発生しやすい建物の特徴として、カビが発生しやす

い建物ということがあげられます。仮に所有している建物で室内にカビが生えているような場合は、24時間の換気システムを後付けするなど、通風を改善することが有効です。

　また、日光を浴びる生活は幸せホルモンと呼ばれるセロトニンの分泌を促すことから、賃借人の生きる活力を後押しします。建物周りに高木があれば伐採し、リノベーションで窓を大きくできないかなど、日光を取り入れる工夫をしてみてください。どうしても日当たりが悪い場合、内装を暖色系などの明るい色に変えるだけでも賃借人の気分は変わります。住環境の改善は賃借人の精神的な改善に繋がりますので、是非取り組んでください。

（iii）　ごみ屋敷になっていないか定期チェック

　孤独死発生のもう一つの因子として、ごみ屋敷があげられます。数多くの孤独死の現場を見てきていますが、ごみ屋敷は非常に多いです。逆にいうと、ごみ屋敷の改善をするだけで防げる孤独死があるということだと思います。定期的に所有している不動産を巡回し、ごみ屋敷になっていないかのチェックを行い、必要があれば改善を促すようにしてみるとよいでしょう。

（iv）　賃借人と定期的なコミュニケーション

　孤独死はその名の通り、孤独な状態で亡くなります。誰とも話すことなく、世間と隔離された状態が悪影響を及ぼします。定期的なコミュニケーションの場を設けたり、イベントや賃借人同士でのコミュニティを作ったり、何かしらの工夫をしてみるのも一つです。

②　自　殺

　自殺の場合はうつ病などの精神的な問題が原因で発生することが多いため、孤独死の対応と同じく、前向きに生活を送ってもらうための対応が必要になります。つまり、「自殺しづらい

部屋にする」ということです。

　自殺で亡くなる方の大半は、縊死を選択します。縊死の場所として多いのは、ロフト部分のバー、ドアノブ、クローゼットのパイプハンガーなどになります。クローゼットのパイプハンガーは無くせませんが、耐荷重の小さいタイプに変更したり、ドアノブの無い引き戸に変えたり、ロフトを収納に変えるなど工夫することで抑止力にはなると思われます。

③　殺　人

　賃借人が犯す殺人事件を防ぐことは非常に難しいのですが、ここでは、外部からの犯罪を防ぐことを目的にまとめます。

（ⅰ）　道路などから見通しの良い環境の整備

　建物の窓など侵入を試みる場所が外部から丸見えの場合、隠れている場合に比べ侵入に抵抗感が生まれます。建物周りの植栽の伐採や塀の撤去など、解放感のある外構計画が望ましいでしょう。

（ⅱ）　防犯カメラの設置

　犯罪の抑止力としてはかなり有効です。

（ⅲ）　セキュリティシステムの導入

　同じく犯罪の抑止力として有効です。賃借人の募集もしやすくなるというメリットがあるため、検討してみるのもよいでしょう。

　殺人事件の発生を防ぐには、外部から人が侵入されにくい建物であることが条件の一つになります。このことについては、防犯アナリストの梅本正行氏が研究を続けており、実際に「殺人が起こりやすい物件」のパターンについて解説されている著書も多くあります。

（2）見守りサービスの市場規模

　厚生労働省の「国民生活基礎調査」によれば、2019 年 6 月の全国の世帯数は約 5,179 万件あり、65 歳以上の人がいる世帯数は約 2,558 万件と、全世帯数の 49.4％を占めています。そのうち、65 歳以上の独居世帯は約 737 万件あり、今後も増加する見込みです。

　株式会社シード・プランニングが発表した「高齢者の見守り・緊急通報サービスに関する調査」では、高齢化社会に比例して増える独居世帯における見守りサービスの需要が今後拡大するという調査結果を発表しています。

　高齢者見守り・緊急通報サービス市場（介護施設向け＋自治体向け＋家庭・個人向け）は、2020 年に 262 億円、2030 年には 381 億円に拡大すると予測。介護施設向けの市場は、行政の介護施設への補助金や、システム導入による夜間人員配置基準の緩和により、市場が拡大期を迎えた。今後は補助金終了後に備えた戦略の準備が必要。自治体向け市場は厳しい環境だが、独居高齢世帯の増加にともない、堅調に拡大する。家庭・個人向け市場は、コロナ禍以降、会えなくなった親子の非接触・リモートコミュニケーションのニーズが顕在化・増大した。IoT デバイスや会話ロボット、賃貸物件で孤独死を防止する安否確認サービス等、目的に応じた製品・サービスが多様化しており、今後の開拓余地は大きい。

（「高齢者の見守り・緊急通報サービスに関する調査」より）

　総合マーケティングビジネスの株式会社富士経済は、『注目「高齢者」施設・住宅＆介護関連市場の商圏分析と将来性 2018』のレポートを発表し、高齢者 / 介護関連製品・サービス市場は

2025年に9,254億円の市場となり、見守り関連は124億円になると推測しています。

1.見守り関連

	2018年見込	2025年予測	2017年比
市場規模	75億円	124億円	193.8%

現在は高齢者施設での需要が中心であり、在宅介護の場合は高齢者の子世帯からのニーズが高い。高齢者施設では認知症高齢者の徘徊や高齢者の急病を未然に察知する目的で使用されている。今後は在宅介護の進展や独居老人世帯の増加により高齢者施設以外での需要開拓が市場拡大の鍵となる。プライバシーに配慮した製品・サービスが提供されているものの、見守りを受けることに対する抵抗感も根強い。そのため実証実験による有用性のアピール、見守り機器の導入に関する前向きな施策などによる後押しも必要とされる。

2 地方自治体と民間の見守りサービスの種類

　2025 年以降は、団塊世代が後期高齢者になります。認知症高齢者は 730 万人に増えると予測され、見守りが必要な高齢者人口はさらに増加するため、見守りサービスの充実は急務です。地方自治体と民間は、現在どのような取組みをしているのでしょうか。

（1）地方自治体

　東京都福祉保健局は、子供と子育て家庭への支援、障害者や高齢者への支援、生活保護やホームレス対策、福祉のまちづくりの推進、医療提供体制の整備、健康づくりの推進、難病対策などの施策を実施しています。見守りの必要性について、「高齢者等の見守りガイドブック」で**図表 7-1** のように述べています。

　ここに記述されている「地域包括ケアシステム」とは、人口減少社会における介護需要の急増という困難な課題に対して、医療・介護などの専門職から地域の住民 1 人ひとりまで様々な人たちが力を合わせて対応するというシステムのことです。

　重度な要介護状態となっても、住み慣れた地域で自分らしい暮らしを人生の最期まで続けることができるよう、「住まい・医療・介護・予防・生活支援」が包括的・一体的に提供される体制（地域包括ケアシステム）の構築を、多くの自治体が進めています。

　「見守り活動」を中心に「孤独死対策」を講じている自治体にはどのようなものがあるか、その一部を紹介します。

■図表 7-1　見守りの必要性

1　今、なぜ、見守りが必要なのか

● 日本の少子高齢化は、世界でも例を見ないスピードで進んでいます。東京都においても、いわゆる「団塊の世代」が後期高齢者となる2025（令和7）年には、人口に占める老年人口の割合（高齢化率）が23.0%（高齢者人口：約326万人）に達し、2035（令和17）年には25.4%（高齢者人口：約353万人）と、都民の4人に1人が65歳以上の高齢者となることが見込まれています。

● 65歳以上の一人暮らし高齢者も増加の一途をたどっており、2025年には90万世帯を超え、高齢者世帯数全体に占める割合は42.9%になるともいわれています。また、何らかの認知症の症状のある高齢者も、同年には約55万人となり、高齢者人口の16.8%を占めると予測されています。

● 急速に高齢化が進む中、高齢者を地域で支え、異変に早期に気づき、命を守る仕組みである見守りは、ますます重要性を増してきています。

● 介護保険法においては、高齢者が可能な限り住み慣れた地域でその有する能力に応じ自立した日常生活を営むことができるよう、医療、介護、介護予防、住まい及び生活支援が一体的に提供される、地域包括ケアシステムが提唱され、国及び地方公共団体がその構築を目指しています。

● 地域包括システムの中で、「見守り」は生活支援の一つとして、高齢者を支える重要な取組として位置付けられています。見守りは、自治体にとって、地域包括ケアシステムの一翼を担う重要な施策です。

● また、地域包括ケアシステムの構築には、地域の住民が役割を持ち、支え合いながら、自分らしく活躍できる地域コミュニティづくり、すなわち、地域づくりの視点が重要です。見守りは、住民同士で支え合う「互助」の取組でもあります。

● 地域での住民のつながりは、様々な機能を持っています。かつては、「向こう三軒両隣」といった濃密な近隣関係の中で、気遣い合いや気付き合いが行われてきました。その中のひとつが、高齢者の見守りです。

（東京都福祉保健局「第4版　高齢者等の見守りガイドブック」（一部抜粋））

①　山形県米沢市

・あんしん電話事業

　　単身高齢者などの家庭に緊急通報機器を設置し、家庭内での急病、事故などにより救援を必要とする場合、機器を通じて通報します。

・愛の一声事業（見守り支援事業）

　　高齢者宅を訪問し、乳酸飲料等を支給することにより安否確

認を行います。

②　栃木県

・栃木県孤立死防止見守り事業（とちまる見守りネット）

　　県、市町、民生委員、警察、民間事業者などの協業により、高齢者を見守ります。

③　栃木県栃木市

・栃木市地域見守り事業に関する協定の締結

　　民間事業者が日常業務や営業活動を行う中で、高齢者の何らかの異変や、気がかりな様子の高齢者等を発見し、保護した際に、栃木市へ連絡しやすい体制を構築しています。

・認知症高齢者等 SOS ネットワーク事業

　　見守りシールの交付（どこシル伝言板。外出時に行方不明になる可能性のある認知症高齢者等を早期発見・保護するため、QR コードつきの見守りシールを交付）しています。

・安心見守りカプセル配付事業

　　認知症の症状を有する高齢者等の徘徊による事件・事故の防止や、事故や災害に遭遇した際の迅速かつ適切な支援活動等を実施するために、緊急時の連絡先等の情報が入った「安心見守りカプセル」を配付し、認知症の人やその家族が安心して暮らすことができるよう支援するものです。

④　千葉県千葉市

・千葉市三世代同居・近居支援事業

　　高齢者の孤立防止と家族の絆の再生を目的として、三世代家族の同居・近居に必要な費用の一部を助成しています。

⑤　大阪府豊中市

・安否確認ホットライン

新聞や郵便物が溜まっている、夜間も照明が点かない状態が長く続いている等「生活感がなくなった」、「姿を見かけなくなった」などの地域の人が気づいたことを連絡します。

・安心生活創造事業

一人暮らしの生活に不安のある高齢者等の自宅に「安心協力員」が定期的に訪問し、安否確認を行います。緊急時の支援や買い物・宅配など、安心して暮らす手助けをする応援事業者などを紹介します。

※介護保険事業ではない。

（2）民間サービス

民間警備会社、宅配サービス会社、家電を活用したものがあります。不動産業者の中には、賃貸の入居時に見守りサービスを付けることを条件にしているところもあるようです。また、転倒などをして、けがをしていないか心配になっている遠方に住む家族が下記のような見守りサービスを付けることもあります。

① 訪問型・宅配型

スタッフが利用者である高齢者の自宅へ定期的に訪問して安否確認をします。スタッフは利用者から健康状態や食事の摂取状況などを聞いて記録を行い、その状況を離れて暮らす家族に伝えます。宅配型の場合は、食事の宅配と同時にこれらを一括して行います。

②　カメラ型

　自宅にカメラを設置し、健康状態や生活状況が確認できるサービスです。家族やスタッフが利用者の現況を常に把握できるので、転倒や病気で倒れたなどという緊急時にも素早く対応できます。

③　センサー型

　利用者の自宅にセンサーを設置して、健康状態や現在の状況を感知します。一定時間反応がなければ、家族の元に連絡が行きます。

④　会話型

　利用者と電話で話して見守るサービスです。電話は普段から使用しているので、操作が簡単な点がメリットです。

⑤　緊急時通報型

　緊急時通報型は、利用者本人が身体の異変を感じたときにボタンを押して通報ができるサービスです。利用者の首から装置を下げて、いつでもすぐ押せるタイプのものもあります。

（3）官民連携

　官民連携の見守りサービスには、配達、訪問事業、24時間の店舗営業などを行う民間企業と自治体が結ぶ見守り協定によるものもあります。例えば、福岡県はコンビニ大手が福岡市と提携し、認知症で徘徊する高齢者の発見や、コンビニエンスストア内のATMを利用した振り込め詐欺被害の防止を行っています。

■図表 7-2 『見守りネットふくおか』

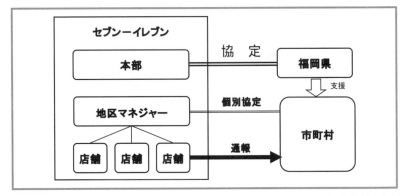

（福岡県作成資料より）

　コンビニエンスストアがほとんどない地域では、車を運転できない高齢者は食品や日用品の買い物すら困難な状況です。このような地域では、運送会社の提供する買い物代行などのサービスを通じて行う見守りが機能しているようです。

　しかし、緊急性のある事態においては、まだまだ課題が残っています。そこで最近ではICT（情報処理および通信技術を総称する用語であり、日本語では情報通信技術）を活用した官民連携サービスが続々と出てきています。

3　事故が起こってしまった時の「孤独死保険」

　孤独死が発生してしまった時に、不動産業者や大家側の負担を減らすことのできる「孤独死保険」があります。この保険は入っておくとリスク回避のメリットが大きいと感じます。

（1）孤独死保険

　当社が行った不動産に従事する人を対象にしたアンケートで、扱ったことのある事故物件の中で最も多かったのが孤独死でした。

■図表 7-3　事故物件についてのアンケート

●事故物件を取り扱ったことはありますか？		
	件（複数回答）	％
孤独死物件	97	17.7％
自殺物件	64	11.7％
火災による死亡物件	14	2.6％
殺人物件	17	3.1％
ない	424	77.5％
合計	547	100.0％

　賃借人による孤独死は、賃貸人（大家）が受ける損失金額が大きくなることがあります。一般社団法人日本少額短期保険協会の「第 7 回　孤独死現状レポート」（以下、「孤独死現状レポート」という）によると、2015 年 4 月～2022 年 3 月に発生した賃借人の孤独死に伴う損害金額は**図表 7-4** のとおりです。

（単位：円）

	最大損害額	最小損害額	平均損害額
残置物処理費用	1,781,595	1,080	235,839
原状回復費用	4,546,840	5,200	381,111

（日本少額短期保険協会「第 7 回　孤独死現状レポート」2022 年 11 月）

　遺体の状態や発見までの日数など、孤独死の状況によって、家財処分や清掃費用などの損害額には幅があると考えられますが、平均損害額をあわせると、約 60 万円です。最大損害額をあわせると、約 630 万円以上の損害が賃貸人（大家）に発生する可能性があります。

　なぜ賃借人の孤独死は、賃貸人（大家）の損失金額が大きくなるのでしょうか。

　その理由には、以下の 3 つが考えられます。

□　原状回復が賃貸人（大家）負担となる「病死」による孤独死が多い

□　「特殊清掃」が必要な孤独死が多い

□　事故物件となった場合、「家賃損失」が大きい

　孤独死現状レポートによると、2015 年 4 月〜2022 年 3 月に発生した孤独死の死因は以下のとおりとなっており、孤独死の死因は「病死」が 66.8％と半数以上になっています。

■図表 7-5　孤独死の死因

死因	病死	自殺	事故死	不明	合計
人数（人）	4,496	702	82	1,447	6,727
割合（％）	66.8	9.8	1.2	22.1	100

　賃借人の孤独死の死因が病死・不慮の事故死などの場合、賃借人の故意ではありません。そのため、残置物処理や、特殊清掃を含む原状回復費用は賃貸人（大家）の負担になることが多いです。賃借人の死因が自殺の場合は、原状回復費用などを賃借人の保証人や相続人に請求することができますが、孤独死における自殺が占める割合は全体の 10％程度しかありません。賃借人の孤独死が発生した場合、可能性として「病死」があるものの、原因が特定できない場合は、大半は賃貸人（大家）が原状回復などの損害費用を負担している現状があります。

　孤独死の発生件数は年々増えていますし、考えておくべきなのは、増加する一人暮らしの高齢者の孤独死だけでなく、若年層にも一定数孤独死が発生しているということです。これらを考えると、賃貸人（大家）は今後さらにリスクにさらされる可能性があるため、孤独死保険への加入を検討していく必要があるでしょう。

　孤独死保険には大きく分けて 2 つの種類があります。一つは賃貸人（大家）が加入する「家主型」、もう一つは賃借人が加入する「入居者型」です。被保険者や補償内容などに違いがあり、各保険会社の商品ごとにも違いがあります。

（2）賃貸人（大家）向けと賃借人（入居者）向けの保険商品の違い

①　賃貸人（大家）向け

　賃貸人（大家）が加入します。商品にもよりますが、1 棟 10 戸のアパートで、保険料は年間 3〜4 万円が相場です。「賃借人向け」の場合は、賃借人が加入する火災保険の特約として賃借人本人が保険料を支払うため、賃貸人（大家）の費用負担

はありません。

【特徴】

・家賃損失がカバーできる

・家賃保証があり、保険金のスムーズな支払いをしてもらえる

　孤独死現状レポートによれば、家賃保証費用として支払われた保険金額は30万円程度でした。孤独死保険に加入すれば、孤独死により家賃の減額や原状回復のための空室期間が発生した場合、保険会社にもよりますが、最長で6～12か月分の家賃損失を保険でカバーしてもらうことが可能になります。

② 賃借人向け

　一方「賃借人向け」の場合は、賃借人の保証人や相続人に保険金が支払われます。そのため保証人・相続人がいない場合や連絡が取れない場合などは、スムーズに保険金が支払われず、賃貸人（大家）の損害額が補填されない可能性もあります。

　「入居者型孤独死保険」の保険料の相場は、1室につき月額300円程度です。年間で、3,600円程度になります。入居者型孤独死保険は単独の保険として契約するのではなく、賃貸住宅に入居する際に加入する「家財保険の特約」として加入するケースが一般的です。賃貸経営の孤独死リスクには、「入居者向け」孤独死保険で備えることも可能です。また、入居の際に加入してもらう火災保険の「借家人賠償責任特約」が、孤独死による原状回復費用の補償となるケースもあります。

■図表7-6　内閣官房が立ち上げた孤独・孤立対策

孤独・孤立対策官民連携プラットフォーム 設立趣意書

人と人との関係性や「つながり」が希薄化する中、新型コロナウイルスの感染拡大の影響が長期化することにより、社会に内在していた孤独・孤立の問題が顕在化し、一層深刻な社会問題となっています。

我が国において、孤独・孤立対策を推進するためには、行政による政策的な対処のみでは困難又はなじみづらい場合があり、孤独・孤立の問題を抱える当事者への支援を行うNPOや社会福祉法人等（以下「NPO等」）が重要かつ必要不可欠です。

一方で、孤独・孤立の問題に対してNPO等の支援機関単独では対応が困難な実態があることから、国、地方公共団体、NPO等、多様な主体が幅広く参画し、人と人とのつながりを実感できる地域づくりや社会全体の機運醸成を図りつつ、官民一体で取組を推進することが必要です。

こうした認識のもと、私たちは、官・民・NPO等の取組の連携強化の観点から、各種相談支援機関やNPO等の連携の基盤となる全国的なプラットフォームとして、「孤独・孤立対策官民連携プラットフォーム」を発足することとしました。

皆様のご賛同・ご参画をお願い申し上げます。

令和4年2月25日
孤独・孤立対策官民連携プラットフォーム
準備会合団体一同

（内閣官房）

（3）孤独死保険の現状について

　今後のことを考えるとなるべく入ることが推奨される孤独死保険ですが、実際にはどのくらい浸透しているのでしょうか。賃貸人（大家）向けに孤独死保険を扱っている保険会社の代表A氏に孤独死保険の現状を伺いました。

Q1　Q1. 孤独死保険の入会は増えているのでしょうか？

A.

　孤独死保険の加入件数は増えています。まだ新しい保険なので、認知度が高くありません。よって、認知度向上に比例して加入件数が増えている状態です。損保最大手の東京海上日動が

リリースした際にマスコミで取り上げられることが増えたのがきっかけになりました。最近では、内閣官房による孤独・孤立対策室の立ち上げもあるようです。

Q2 孤独死保険に入る時に気を付けることはあるのでしょうか？

A.

補償内容はほぼ同じですが、保険のタイプによって、補償される金額が、例えば家賃損失の100％なのか50％なのかという違いがあります。

Q3 孤独死保険に入らないことによるリスクについて実例を踏まえて教えてください。

A.

保険に加入するメリットは、費用の平準化です。孤独死が発生した際の損害額は読みにくいため、突然の出費に備えることが主目的です。私が見た原状回復費用の見積書は、大きい額のもので300万円近いものもありました。これに事故後の家賃損失を加えると、賃貸人（大家）が思っている以上の経済的負担になる可能性があります。

A氏の保険会社の加入者の9割が賃貸人（大家）でその他は管理会社や家賃保証会社等ですが、「全体的に見てもまだまだ加入が少ない」と感じているようです。

（4）死後事務委任契約とは

賃貸物件で人が亡くなった場合、賃貸人（大家）側には事故物件化のリスクだけではありません。もう一つのリスクは、賃借人

が亡くなり、法定相続人が不明なことです。賃借人が死亡すると、賃貸物件の賃借権と居室内の残置物の所有権は、法定相続人に移ります。ところが、この法定相続人が相続放棄をしたり、連絡が取れなかったりすることがあります。その場合、賃貸人（大家）が勝手に残置物を処分できず、契約解除・賃貸物件の引き渡し手続きが困難となるケースがあります。

死後事務委任契約とは、委任者の死後に発生する以下のような事務手続について信頼できる第三者を受任者として託しておく生前契約のことになります。

- 家賃、地代、管理費等の支払いと敷金・保証金等の支払いに関する事務
- 賃借建物明渡しに関する事務
- 病院代や施設費用など医療費の支払いに関する事務
- 行政官庁等への諸届事務
- 通夜、告別式、火葬、納骨、埋葬に関する事務
- 永代供養に関する事務　等々

この死後事務委任契約を締結することで、法定相続人が不明な場合のリスクが軽減されます。住宅確保要配慮者と呼ばれる高齢者の入居を後押しするものとして期待され、最近では賃貸人（大家）が高齢者へ貸し出す際の条件として設定されることが増えてきました。

死後事務委任契約書を公正証書にするためには、委任者・受任者それぞれの印鑑証明書と実印・本人確認書類が必要です。ただし、死後事務委任契約は認知症などで判断能力がない場合には締結できませんので、注意が必要です。

参考までに、死後事務委任契約に似たものに「任意後見契約」というものがあります。一般的な財産管理委任に関する契約と同

様に、任意後見契約は生前に効力を有します。当事者の一方が死亡すると同時に契約も終了するため、葬儀や埋葬など死後の事務は委任できません。死後の事務について依頼する場合、死後事務委任契約を締結します。

　孤独死が起こった現場は、遺品や残置物で、部屋の中はゴミ屋敷状態になっていることが多くあります。残置物処理や遺品整理を行うには、相続人の許可を得れば賃貸人（大家）側で対応することも可能ですが、逆にいうと許可が得られない限り手を着けることができない状態になります。遺品の処分や賃貸借契約の解約が終わるまでは新しい賃借人（入居者）を募集することができず、損失を被ってしまいます。

　この状況を解決するために、2021年6月に国土交通省が、孤独死後の契約の解除や、残置物の処理に関する賃貸契約のモデル条項（「残置物の処理等に関するモデル契約条項」）を策定しています。

4 「残置物の処理等に関するモデル契約条項」

　高齢者の単身世帯が増加している状況において民間賃貸住宅等では、相続人の有無や所在が明らかでない単身者が死亡した際、以下のような大きなリスクがあります。

- ・賃貸借契約の解除
- ・居室内に残された動産（残置物）の処理への不安感
- ・次の賃借人に貸せないなどのリスク（残置物リスク）
- ・単身高齢者が賃貸期間中に亡くなった場合に、残置物の引取りをするために相続人を探す必要
- ・相続人に引取りを拒否されたりして、処分にかかる手間や費用

　これらにより、高齢者の入居の申込みを賃貸人が拒否するというケースが増えています。このような不安感を払拭し、単身の高齢者の居住の安定確保を図る観点から、単身の高齢者が死亡した際、契約関係および残置物を円滑に処理できるように、国土交通省および法務省において、「残置物の処理等に関するモデル契約条項」を策定しました。

　このモデル契約条項は、3つのまとまりから構成されています。

　第1のまとまりは、賃借人が賃貸借契約の存続中に死亡した場合に、賃貸借契約を終了させるための代理権を受任者に授与する委任契約（「解除関係事務委任契約」）です。

　第2のまとまりは、賃貸借契約の終了後に残置物を物件から搬出して廃棄する等の事務を委託する準委任契約（「残置物関係事務委託契約」）です。

　そして、第3のまとまりは、賃貸借契約に上記（準）委任契約に関連する条項を設けるものです。

① 「解除関係事務委任契約」

賃貸人（大家）と合意することにより、賃借人（入居者）の死亡時に契約を解除できる代理権を受任者ができるようにします。

② 「残置物関係事務委託契約」

・賃借人（入居者）が死亡時の残置物について処理や廃棄等を受任者に委託します。
・賃借人（入居者）は、廃棄しない残置物を指定し、指定した相続人などの送り先を明確にします。
・受任者は、賃借人が死亡してから一定期間（おおよそ3か月程度）の間に賃貸借契約を解除します。その後、廃棄しない残置物以外のものを廃棄し、相続人等に渡す家財などを送付するようにします。また換価できる残置物については、換価するよう努めなければなりません。

③ 上記2つの契約条項に関し賃貸借契約に加える条項

この3つ目の契約条項は賃貸人（大家）と賃借人（入居者）との間で交わす賃貸借契約書に付け加えて、賃借人が亡くなった場合の契約解除と残置物処理に関する取決め事項を定めておくものです。

円滑に処理ができるように、賃貸借契約の締結前に受任者を決め、賃借人と受任者との間で、「賃貸借契約の解除」、「残置物の処理に関する死後事務委任契約」を締結します。この2点を賃貸借契約の条項に入れることで、有効な手段となります。

第8章

事故物件の未来

1 抵抗のない人に事故物件を届ける

　これまで事故物件の現状や、背景にある問題をお話してきました。これから事故物件とうまく付き合っていかなければいけないとわかっていても、まだまだ抵抗を感じる不動産業者の方もいらっしゃるでしょう。「事故物件は一切扱わない」と考える不動産業者が市場から取り残されないためにも、どのように付き合っていけばよいか、最後の章では「見方を変える」お話をします。

2 アンケート調査 ― 事故物件に「住んでもよい」と思える人もいる

（1）当社のアンケート調査

　それではまず、「事故物件が気にならない」という人のアンケートを見てみましょう。

　当社がGMOリサーチで行った調査で、事故物件のイメージについて複数回答してもらったところ、**図表8-1**のように、ネガティブな感想である「幽霊が出そう」が最も多いと思いきや、「安い」が最も上位に来ていることがわかります。この「安い」というのは、ネガティブな意味もポジティブな意味もあると思われます。「お得」という感想は13.1％と、その他を除けば最下位になっています。

■図表 8-1　事故物件のイメージ

●事故物件のイメージを教えてください。		
	件（複数回答）	％
幽霊が出そう	305	54.7％
汚い	137	24.6％
暗い	214	38.4％
安い	339	60.8％
お得	73	13.1％
運気が下がる	186	33.3％
その他	9	1.6％
合計	558	100.0％

　事故物件に住めるかどうかの質問に対しては、「いいえ」が60％以上であるものの、「事故の内容次第」「物件の条件次第」と答えた方がほぼ同数の約20％。「はい」と答えた方は最も少なく、3.9％でした。

■図表 8-2　事故物件に住めるか

●事故物件に住めますか？		
	件（複数回答）	％
はい	22	3.9％
事故の内容次第	133	23.8％
物件の条件次第	124	22.2％
いいえ	351	62.9％
合計	558	100.0％

　「条件次第」と答えた方の理由を深堀りしてみると、「安い」、「リフォームされていてきれい」がほぼ同数の約80％、次に「便利な場所」「築年数が新しい」「事件、事故の発生から年数が経

過」が続きました。

■図表8-3　事故物件の条件

●図表8-2の質問で"物件の条件次第"と答えた方に質問です。どんな条件であれば住めますか？		
	件（複数回答）	％
安い	102	82.3％
便利な場所	83	66.9％
築年数が新しい	62	50.0％
リフォームされていてキレイ	103	83.1％
条件は特に気にしない	0	0.0％
事件、事故の発生から年数が経過	54	43.5％
その他	3	2.4％
合計	124	100.0％

（2）他のアンケート調査

　株式会社 AlbaLink（本社：東京都江東区、代表取締役：河田憲二）は、男女983人を対象に「事故物件に住むのはありかなしかについての意識調査」を実施（https://wakearipro.com/accident-property-questionnaire/）していますが、こちらは自由回答がメインになるため、当社のアンケートとあわせて見てください。

①　ありの理由第1位は「コスパが良いから」

　「あり（＝住んでもよい）」と答えた人にその理由を聞くと、第1位：コスパが良いから（227票）、第2位：幽霊や心霊現象などは信じてないから（99票）、第3位：入居しやすいから（92票）と、なし派とはまったく逆の、合理的な理由が大半を占めています。

代表的な回答は、以下のとおりです。

- 亡くなられることは自然なことで、ただ人が亡くなっただけなので気にならない。(30 代)
- 綺麗に清掃されていればよいと思います。(40 代)
- 幽霊や心霊現象は信じるが、今まで心霊スポットと言われるような場所に行っても、何か起きたことはないから。(30 代)
- 費用がお安ければそれで良いかなと思います。(30 代)

また、事故物件の中でも「孤独死なら仕方ない」というように、前居住者の死因によってあり／なしが異なるケース（詳細は次項目で解説）も多数見られました。

- 自殺などの事故物件は NG ですが、孤独死は社会的に増加しており事故物件の定義からは少し外れるから。(30 代)
- 孤独死は恨み等がなさそう。(20 代)
- 今は高齢化社会なので、孤独死なら仕方がないと思います。(60 代以上)

そのほか、

- 事故物件に住んでいることを何かのネタにできそうだから。(20 代)
- 何か心霊現象が起こるか見てみたいから。(30 代)

など、少数派ではあるものの、「事故物件に住んでいること自体をネタにしたい」「肝試し（？）的に心霊現象を見たい」といった理由をあげる方もいました。許容できるのは「孤独死」と「事故死」で、「自殺」や「殺人」は大半が NG という結果になりました。

②　死因の許容範囲

　「あり（＝住んでもよい）」と答えた人に、「死因の許容範囲」を質問したところ、孤独死（204票：72.6％）と事故死（161票：57.3％）が大半を占めました。

　そのほかの死因は、自殺（46票：16.4％）、焼死（16票：5.7％）、殺人（17票：6.0％）と、「あり」と答えた人の中でもかなりの少数派という結果になりました。

　これらの結果から、事故物件に住んでもよいと思っている人の大半は、前居住者の死因が「孤独死」または「事故死」のみであり、許容できる範囲はギリギリ「自殺」で、「殺人」や「焼死」はほとんどのケースで受け入れられないということがわかりました。

　少数派ではあるものの、一定数「死因も全く気にしない」という層もいます。

3 日本人の死に対するイメージ

　株式会社 AlbaLink のアンケートでも「気にしない層がいる」という声がある点は、当社のアンケートと一致しています。

　それでは、外国人の方の場合はどうでしょうか。当社は首都圏にある日本語学校のベトナム人・ミャンマー人留学生に調査する機会をもらいました。

①　アンケート結果

●ベトナム人・日本在住 10 年目男性

　ベトナムには事故物件という概念はないそうで、その職員も「事故物件」という言葉を知らなかった。

　改めて説明されると怖いと感じるが、実際はあまり気にしない。部屋と値段が気に入れば、問題ない。

●ミャンマー人・日本在住 12 年目女性

　ミャンマーにも、そのような概念はない。「事故物件」という言葉は聞いたことはあるが、詳しくは知らなかった。改めて説明されると怖いので、嫌だけど、でも、その死因と、部屋の状態と、家賃によっては問題ない。

　その他のベトナム・ミャンマー人留学生も、最終的には「条件次第」で入居すると結論付けました。この点は、日本人の中の「事故物件が気にならない」という方々と同じ理由であることがわかります。

　ただ、背景として大きく異なるのは、ベトナムもミャンマーもまだまだ「家族中心」の住まいのため、孤独死や自殺が日本ほど少ないようです。「日本は本当に自殺のニュースが多い」とも言っていました。

②　海外事情

　当社は外国の方に実際に物件の紹介をし、売買契約実績も持っていますが、確かに拒否反応が強い国はだいたい、日本、中国、韓国の方が多く、それ以外の国の方はあまり抵抗なく検討される方が多いと感じています。これは、同じアジアの国であっても、何か宗教的なものが関係しているかもしれません。

　また、ヨーロッパでは築100年以上の建物が多く存在していることもあり、建物内で人が亡くなることに対し、特別なことではないという認識が広がっており、同じく抵抗が少ないと感じます。

　僧侶であり、緩和ケアの施術者としても活躍されている玉置妙憂さんという方がいらっしゃいます。昨今、コロナ禍の影響で孤独死が増え、事故物件と扱われる物件数も多くなってきました。これまでも多くの死と直面されてきた玉置さんは、「家で死ぬこと」について2021年10月8日のNHK『クローズアップ現代』で、下記のように話されています。

　戦後まもなくは、日本では家で亡くなるというのが当然の時代でした。しかし60年代から70年代あたりから、家で亡くなるよりも、病院や老人ホームで亡くなる方のほうが多くなりました。この逆転現象以降、日本人が自宅で死と向き合う機会が激減することになり、事故物件の捉え方も大きな変化が生じました。かつての「家で亡くなる＝当たりまえ」という考えから、事故物件を嫌忌するという見方に変わったのかもしれません。街頭調査からも、「事故物件に住みたくない」と回答した方は7割以上と、事故物件を受け入れられないという考えを持った方が多いのが現状です。

　（略）

　台湾では現在でも、自宅で死を迎える方が8割ほどおられます。そのため台湾では、事故物件という考え方が浸透していません。現在の日本では自宅で死亡する割合が大きく低下したことを含め、ほかにも様々な要因が関与することで、事故物件という言葉が当たり前のように飛び交うようになっています。

　人間誰もがいつかは死ぬ。これは周知の事実です。ただ、死に方は誰にもコントロールできません。「良い死に方」、「悪い死に方」というように、「死に方」を評価することもできません。このような事実を直視せず、他人の死を忌み嫌うのは甚だ疑問です。事故物件の中で亡くなってしまった方にも、人格があるわけです。

　一方、仏教の観点からみた場合の事故物件の概念はどうでしょうか。仏教において、いわゆる「死に方」はあまり重要視されておりません。それよりも大切なのが、死ぬ瞬間の感情です。死ぬ瞬間、「生き切った人生だった」と思えず、恨みや怒りがあふれた状態で死んでしまうと、仏教では「餓鬼道（飢えと渇きに苦しむ亡者の世界）」に落ちるとされています。つまり、事故物件の価格を左右する大きな要因となるのが「死に方」です。孤独死：1割、自殺：3割、殺人事件：5割。この数字は、仏教の考え方における事故物件の価格の下落率を表したものです。孤独死に比べて、自殺や殺人事件のほうが死ぬ瞬間の無念さが残るという意味においても、納得ができる数字ではないでしょうか。

　そもそも現代人は、孤独死に対してネガティブなイメージを持ちすぎなのではと考えています。人間は皆、生まれてくるときも死ぬときも独りです。生まれてから死ぬまでの過程がどうであれ、最終的には独りで死ぬものです。多死社会に突入し、今後さらに独りで亡くなる方も増えていくでしょう。つまり家で独りで亡くなる、いわゆる孤独死も増えていくのは確実で

す。そろそろ、孤独死への捉え方を見直すべきではないでしょうか。問題は孤独死そのものではなく、孤独死された方を早期に発見できないことにあります。死後すぐに発見してあげるための見守り体制を強化すべきではないでしょうか。

　では、亡くなった方が放置されないために、何ができるのでしょうか。多くの方が真っ先に思い浮かぶ解決策が、家族や親族が面倒をみたらよいのでは？　ということかと思います。しかし、なかなかその方法では一筋縄ではいきません。家族や親族であると、何かと命令や指示を与えられてしまい、なかなか話を聴いてもらえないということが往々にしてあります。つまり私たち、第三者の立場の人間にできることは、徹底的に耳を傾けてあげること。家族のようにしっかりとしたつながりは必要ありません。それよりも、ゆるくつながること。「訪問スピリチュアルケア」という取組みを通して高齢者の自宅を定期的に訪問し、ゆるいながらにつながりを持つことができました。このゆるいつながりを持ち続けることこそ、現代における孤独死の問題解決に一歩近づけるのではないでしょうか。

　ここまで聞いて、「事故物件を忌み嫌うことはよくない！」と結論付けてしまいそうになりますが、決してそうではありません。大事なことは死について考える機会を作り、思考を整理することです。その結果、「どうしても事故物件は怖くて住みたくない！」という考えに至っても、それ自体まったく問題ではありません。確かに憂鬱な気分になるから死については考えたくない、という方もおられるでしょう。そんな方でも、事故物件に対して少しでよいので考えを深めてもらうのが良いかと思います。「自分と違う意見は受け入れない」という見方ではなく、異なる意見も認め合い、多様性を意識するぐらいの度量を持つことが大切です。

　玉置さんのお話を聞いてみていかがでしたか？

　筆者が横浜にあるお寺を訪問したときに、そのお寺の住職がこんな話をされました。「この世の中に、人の亡くなっていない場所なんてありません」考えてみると当たり前のことですが、歴史を遡ると合戦や戦争、震災などがありました。いたるところで交通事故も発生しています。国立科学博物館人類史研究グループ長、海部陽介氏によれば日本に人類の遺跡が登場したのは約3万8000年前とされていますが、過去生まれた人は全員どこかで亡くなっています。人が亡くなることは「特別なことではなく当たり前のこと」であると考えると、事故物件は本当に怖い場所でしょうか。本当に忌み嫌われる場所なのでしょうか。筆者は「そうではない」と考えます。

4 事故物件のイメージはメディアによるものではないか

　これまで映画やドラマ、小説、漫画、SNSなど、数多くのメディアで事故物件を題材に取り上げていますが、そのほとんどが「ホラー」として扱われています。しかも映画は大ヒットし、SNSは再生回数が大きく伸びているため次から次に取り扱われ続けています。筆者は事故物件を「幽霊が出る場所」として扱うようなメディア出演依頼や撮影協力はお断りしていますが、実際に撮影現場として事故物件を借りたいといったオファーは毎月のようにあります。

　筆者としては幽霊の存在を信じるか信じないかの議論をするつもりはありませんが、事故物件を「幽霊が出る場所」として扱うことは本当に正しいのでしょうか。成仏不動産として数多くの事故物件を扱い、現場に何度も入りましたが、筆者だけでなく社員も全員霊的な体験等はしていませんし、事故物件を購入された方や借りられた方から幽霊が出たという話も聞いたことがありません。実際に筆者の知人で事故物件に偏見のない外国の方に、事故物件が心霊スポットとして扱われていることを説明すると驚かれます。

　人が多く亡くなる場所に、駅のホームや病院などがあります。「事故物件は怖くて入れない」という方がいますが、「怖くて駅や病院に行けない」という方とは出会ったことがありません。この点からも「人が亡くなったかどうか」ではなく、「すり込まれたイメージ」によって事故物件を心霊スポットとして印象付けているのだと感じます。そもそも、事故物件は所有者が存在する誰かの大切な資産であることを考えると、間接的とはいえイメージで不動産の価値を棄損するメディアの取上げ方に違和感を覚えます。

　事故物件は、すり込まれたものだからこそ、イメージを変えられると思っています。メディアでつくられたものであれば、メディアを通じて変える。物件自体でつくられたものであれば、物件で変えることができるのです。

■写真8-1　リノベーション前

■写真8-2　リノベーション後

リノベーション前は床色が暗くゴミや荷物が散乱していましたが、床色や壁紙を明るくし、天井や台所周りの壁を撤去しオープンな雰囲気を演出しました。このように「事故物件になりやすい特徴」と反対のリノベーションを行い、メディアを通じて「事故物件はこんなに良くなります」と発信していくことで、事故物件のイメージは変えられると信じています。事故物件取引の前段として、固定概念を崩すことが重要であると思っています。

5 事故物件のイメージを変えるエピソード

病死や孤独死は気にならなくても、自殺や殺人などには抵抗があるという方は、依然いるでしょう。そこで、自殺に関しての事故物件のイメージが変わるような事例を紹介します。

①　当社の事例

ご主人が首吊り自殺をしたというケースです。亡くなった当日のお話を、奥様から伺いました。

ご主人はうつ病を患っていて、症状が重くなったので奥様が代わりに薬をもらいに病院に向かうことにしました。その際ご主人がわざわざ玄関まで来て、「ありがとう」と言いながら笑顔で見送ってくれたようです。絶対に変な気は起こさないようにと注意してから出かけ、1時間半ほどして薬を手にして家に戻ってきた時には、すでに首を吊っていて息をしていない状況だったそうです。

奥様は、「本当にうつ病は怖い病気です」と涙ながらにおっしゃいました。恨んだり苦しんだりして自殺する人も中にはいるのでしょうが、この話を聞いた時に、実際はうつ病で、よくわからないまま咄嗟に自殺してしまう人が大半なのではないかと思いました。実際に、これから死のうと考えている人が、ありがとうと言いながら笑顔でお見送りするでしょうか。

うつ病が原因で自殺をしてしまうことを考えると、「自殺は病死」ではないかと感じました。こう考えると、自殺ということに対する捉え方や気持ちも変わるのではないでしょうか。

②　首都圏の不動産売買業者の事例

リストラされた父親が自殺し、事故物件になったという事例で

す。担当した不動産業者は、「何とかして売りに出したい」という遺族の気持ちを汲み取り、父親の人柄や、生い立ちから亡くなるまでの歴史を、原稿用紙約20枚にまとめて、すべて隠さず開示し、また、葬儀の際の家族写真など、死に関わるすべての情報を提供したそうです。その購入者は「すべて知ることができた」と安心し、予期せぬ「共感」が生まれ、売買が成約したとのことです。

　購入者が一番不快に感じることは、購入した後になって知らなかった事実が出てくることです。この不動産業者はそれとは全く逆のことを行ったのです。将来の入居者が事故物件でも安心して住んでもらうための姿勢は、業者側の損得勘定を抜きにして、「すべてを伝えること」かもしれません。この事例では、事故物件で亡くなった人のことを家族の一員のように捉える現象も起こったそうです。

6 事故物件を誇れる選択肢へ

　2013年7月、父親の急逝がきっかけで、命に限りがあること、お金ではなく人に喜んでもらうことが人生の価値であることに気付き、17年半のサラリーマン人生に終止符を打ち、自分で会社を始めることを決意しました。筆者は残りの人生をかけて「世のため、人のため」に完全に振り切ること、「不動産の可能性を追求して世の中の困りごとを解決する」ことに命をかける覚悟をしました。

　成仏不動産サービスをしていると、「花原さんは事故物件が平気なのですね」と言われることがあります。正直にお話しすると、成仏不動産を始める前は多くの方と同じように、事故物件に抵抗がありました。たまたま孤独死が発生した不動産の買取相談を受けたことがきっかけで、事故物件に関する取組みを始めることになりましたが、事故物件に抵抗があったからこそ敬遠されて困っている側の遺族の心の痛みに気づけたのだと思います。

　当社の社員に対して日々伝え、行動指針にもしている言葉に「好き嫌いではなく必要かどうかで判断する」というものがあります。その視点で考えると、「自分が事故物件に対してどう感じているかは関係なく、そこに困っている人がいれば助けたい」という想いで行動を起こしています。成仏不動産サービスは、まさに起業時の「世のために。人のために。」振り切った人生を送りたいという想い、「不動産の可能性を追求して世の中の困りごとを解決する」という覚悟そのものです。

　成仏不動産サービスを始めてみると、全国各地から数多くの相談を受けるようになり、今では毎月100件前後のお問合せがあります。当初、事故物件の事業を始める際、抵抗感を示していた社員は、筆者が理念を繰り返し伝えていくことで、世のため人のためになると実感するようになったようです。今では同じ使命感

を持って目標に向かってくれています。

　人が得体の知れないものに畏怖するのは当然です。しかし、故人や相談者の背景を知ると、事故物件が「霊的な存在」から「現実的な存在」へと変わっていきました。例えるなら、家族など大切な人が亡くなった不動産であれば、そのまま住める感覚と近いかもしれません。孤独死が発生した不動産はそもそもその不動産に住んでいなかったため、亡くなった後に遺族が住むというケースは少ないですが、同居している配偶者が自殺をしたケースは、そこに住む理由がなくなり、泣く泣く売却されることもあります。しかし、「そのまま住み続けたい」と思っている方がほとんどです。

　「早く見つけてあげられなくて申し訳ない」と悔やむ息子、「心を救ってあげられなかった」と涙を流す妻、「自分の息子達が殺人事件の犯人と被害者になり引越しを余儀なくされた」母親。事故物件になった経緯は様々であったとしても、ほとんどの遺族が大切な人の最期を傷つけてしまった悲しみや、当該不動産だけでなく近隣の不動産の価値まで下げてしまったことに心を痛めています。

　自分は何をするために生まれてきたのか。成仏不動産を始めて４年半が経ちましたが、その答えの一つがこの「事故物件を誇れる選択肢へ」です。

　人が亡くなることは自然であるからこそ、人が亡くなっただけの不動産は自然に取引されるべきではないのか。既成概念を壊し、新たな価値を創造する。私が人生をかけて取り組んでいることは、遺族の痛めた心の負担を軽くし、少しでも胸を張って過ごしてもらえる世界を創ることです。

　「嫌われる物件」から「選ばれる物件」へ。

　事故物件を誇れる選択肢へ。

　この本を手にとっていただいた皆様の力をお借りできれば幸いです。

巻末資料

『宅地建物取引業者による人の死の告知に関するガイドライン』

国土交通省

（令和3年10月）

1. 本ガイドライン制定の趣旨・背景

(1) 本ガイドライン制定の背景

① 不動産取引における人の死の告知の現状

　不動産取引においては、とりわけ住宅として用いられる不動産において、過去に人の死が発生した場合、その事案の内容に応じて、一部の買主・借主にとって不動産取引において契約を締結するか否かの判断に重要な影響を及ぼす可能性があることから、売主・貸主は、把握している事実について、取引の相手方等である買主・借主に対して告知する必要があり、過去の裁判例に照らせば、取引目的、事案の内容、事案発生からの時間の経過、近隣住民の周知の程度等を考慮して、信義則上、これを取引の相手方等に告知すべき義務の有無が判断されている[1]。

　また、売主である宅地建物取引業者や、媒介又は代理を行う宅地建物取引業者は、宅地建物取引業法上、取引物件や取引条件に関する事項であって、宅地建物取引業者の相手方等の判断に重要な影響を及ぼすこととなるものについて、故意に事実を告げず、又は不実のことを告げる行為が禁じられており、こうした事案の存在が宅地建物取引業者の相手方等の判断に重要な影響を及ぼすと考えられる場合には、宅地建物取引業者は、宅地建物取引業法上、当該事案の存在について事実を告げる必要がある。

② 不動産取引における人の死の告知に係る課題

　人の死は日々各地で発生しているが、それがいわゆる心理的瑕疵に該当するかや、その継続性の評価は、事案の態様・周知性等や当該物件の立地等の特性によって異なり、時代や社会の変化に伴い変遷する可能性もある。また、いわゆる心理的瑕疵は時間の経過とともに希釈され、やがて消滅するとの裁判例もある。その上、不動産取引における人の死に関する事案の評価については、買主・借主の個々人の内心に関わる事項であり、それが取引の判断にどの程度の影響を及ぼすかについては、当事者ごとに異なるものである。

1　高松高判平成26年6月19日判時2236号101頁、東京地判平成22年3月8日WJ、大阪高判平成26年9月18日判時2245号22頁等

288

　このため、個々の不動産取引に際し、人の死に関する事案の存在が疑われる場合において、それが買主・借主に対して告知すべき事案に該当するか否かが明確でなく、告知の要否、告知の内容についての判断が困難なケースがある。不動産取引の実務においては、取引の対象となる不動産において過去に人の死が発生した場合に、取り扱う宅地建物取引業者によって対応が異なり、中には、人の死に関する事案の全てを買主・借主に告げているようなケースもあり、人の死の告知に関する対応の負担が過大であると指摘されることもある。

　また、不動産取引に際し、借主に対し、当該不動産において過去に生じた人の死に関する事案の全てを告げる対応を行うことによって、賃貸住宅の入居の場面において、貸主が、入居者が亡くなった場合、亡くなった理由の如何を問わずその事実を告知対象にしなければならないと思い、特に単身高齢者の入居を敬遠する傾向があるとの指摘もある。

③　ガイドライン制定の必要性

　上記のような背景の下、不動産取引に際して、当該不動産において過去に人の死が発生した場合における対応の判断に資するよう、一定の考え方を示すことが求められている。

　これを踏まえ、令和2年2月より、国土交通省において「不動産取引における心理的瑕疵に関する検討会」（座長：中城康彦明海大学不動産学部長）を開催し、不動産において過去に人の死が生じた場合において、当該不動産の取引に際して宅地建物取引業者がとるべき対応に関し、宅地建物取引業者が宅地建物取引業法上負うべき義務の解釈について、学識経験者による議論を行い、過去の裁判例の蓄積の状況等も踏まえて、可能な範囲で、現時点で妥当と考えられる一般的な基準を本ガイドラインとして取りまとめたものである。

（2）本ガイドラインの位置づけ
①　宅地建物取引業者の義務の判断基準としての位置づけ

　不動産取引に際し、買主・借主が契約を締結するか否かの判断に重要な影響を及ぼす可能性がある事案について、売主・貸主による告知が適切に行われることが重要である。

しかしながら、実際の取引においては、不動産取引の専門家である宅地建物取引業者が売主となる、又は媒介[2]をするケースが多数であり、買主・借主は、契約を締結するか否かの判断に重要な影響を及ぼす可能性がある事項について、宅地建物取引業者を通じて告げられることが多数を占める。

宅地建物取引業者が自ら売主となる場合はもちろんのこと、宅地建物取引業者が媒介を行う場合には、契約の成立に向けて総合的に調整を行う立場として、不動産取引の実務において極めて大きな役割を果たしており、売主・貸主が把握している情報が買主・借主に適切に告げられるかは、宅地建物取引業者によるところが大きい。

一方で、既に述べたとおり、不動産取引の実務においては、告知の要否、告知の内容についての判断が困難なケースがあるため、取り扱う宅地建物取引業者によって対応が異なる状況があり、不動産の適正な取引や居住の安定の確保を図る上での課題となっている。

このような点を踏まえ、本ガイドラインは、不動産において過去に人の死が生じた場合において、当該不動産の取引に際して宅地建物取引業者がとるべき対応に関し、宅地建物取引業者が宅地建物取引業法上負うべき義務の解釈について、トラブルの未然防止の観点から、現時点において裁判例や取引実務に照らし、一般的に妥当と考えられるものを整理し、とりまとめたものである。

過去に人の死が生じた不動産の取引に際し、宅地建物取引業者が本ガイドラインで示した対応を行わなかった場合、そのことだけをもって直ちに宅地建物取引業法違反となるものではないが、宅地建物取引業者の対応を巡ってトラブルとなった場合には、行政庁における監督に当たって、本ガイドラインが参考にされることとなる。

② 民事上の責任の位置づけ

個々の不動産取引において、人の死の告知に関し紛争が生じた場合の民事上の責任については、取引当事者からの依頼内容、締結される契約の内容等によって個別に判断されるべきものであり、宅地建物取引業者が本ガイドラインに基づく対応を行った場合であっても、当該

2　代理についても、本ガイドライン上、媒介に準じて取り扱うものとする。

宅地建物取引業者が民事上の責任を回避できるものではないことに留意する必要がある。

　しかしながら、宅地建物取引業者が、一般的な基準として本ガイドラインを参照し、適切に対応することを通じて、不動産取引に際し、当該不動産において過去に生じた人の死に関する事案について、買主・借主が十分な情報を得た上で契約できるようにすることにより、取引当事者間のトラブルの未然防止とともに、取引に関与する宅地建物取引業者との間のトラブルの未然防止が期待される。

2. 本ガイドラインの適用範囲
（1）対象とする事案
　本ガイドラインにおいては、取引の対象となる不動産において生じた人の死に関する事案を取り扱うこととする。

（2）対象とする不動産の範囲
　住宅として用いられる不動産（居住用不動産）とオフィス等として用いられる不動産を比較した場合、居住用不動産は、人が継続的に生活する場（生活の本拠）として用いられるものであり、買主・借主は、居住の快適性、住み心地の良さなどを期待して購入又は賃借し、入居するため、人の死に関する事案は、その取引の判断に影響を及ぼす度合いが高いと考えられることから、本ガイドラインにおいては、居住用不動産を取り扱うこととする[3]。

3. 調査について
（1）調査の対象・方法
　宅地建物取引業者は、販売活動・媒介活動に伴う通常の情報収集を行うべき業務上の一般的な義務を負っている。ただし、人の死に関する事案が生じたことを疑わせる特段の事情がないのであれば、人の死に関する事案が発生したか否かを自発的に調査すべき義務までは宅地

3　オフィス等として用いられる不動産において発生した事案については、それが契約締結の判断に与える影響が一様でないことから本ガイドラインの対象外としているものであり、これらの不動産の取引においては、取引当事者の意向を踏まえつつ、適切に対処する必要がある。

建物取引業法上は認められない。他方で、販売活動・媒介活動に伴う通常の情報収集等の調査過程において、売主・貸主・管理業者[4]から、過去に、人の死に関する事案が発生したことを知らされた場合や自ら事案が発生したことを認識した場合に、この事実が取引の相手方等の判断に重要な影響を及ぼすと考えられる場合は、宅地建物取引業者は、買主・借主に対してこれを告げなければならない。

なお、媒介を行う宅地建物取引業者においては、売主・貸主に対して、告知書（物件状況等報告書）その他の書面（以下「告知書等」という。）に過去に生じた事案についての記載を求めることにより、媒介活動に伴う通常の情報収集としての調査義務を果たしたものとする。この場合において、告知書等に記載されなかった事案の存在が後日に判明しても、当該宅地建物取引業者に重大な過失がない限り、人の死に関する事案に関する調査は適正になされたものとする。

調査の過程において、照会先の売主・貸主・管理業者より、事案の有無及び内容について、不明であると回答された場合、あるいは回答がなかった場合であっても、宅地建物取引業者に重大な過失がない限り、照会を行った事実をもって調査はなされたものと解する。

前述のとおり、取引の対象となる不動産における事案の有無に関し、宅地建物取引業者は、原則として、売主・貸主・管理業者以外に自ら周辺住民に聞き込みを行ったり、インターネットサイトを調査するなどの自発的な調査を行ったりする義務はないと考えられる。仮に調査を行う場合であっても、近隣住民等の第三者に対する調査や、インターネットサイトや過去の報道等に掲載されている事項に係る調査については、正確性の確認が難しいことや、亡くなった方やその遺族等の名誉及び生活の平穏に十分配慮し、これらを不当に侵害することのないようにする必要があることから、特に慎重な対応を要することに留意が必要である。

（2）調査に当たっての留意事項

媒介を行う宅地建物取引業者においては、売主・貸主から確認した

4　管理業者から提供される情報の範囲については、例えば分譲マンションの場合であれば、マンション管理業者と管理組合との間で締結された管理受託契約や、分譲マンションの管理規約等により定められている。

　事実関係を明確にし、トラブルの未然防止を図るため、人の死が疑われる事案の存在については、告知書等への記載を求めるという方法により照会を行うことが望ましい[5]。

　この際、媒介を行う宅地建物取引業者は、売主・貸主による告知書等への記載が適切に行われるよう必要に応じて助言するとともに[6]、売主・貸主に対し、事案の存在について故意に告知しなかった場合等には、民事上の責任を問われる可能性がある旨をあらかじめ伝えることが望ましい。

　また、告知書等により、売主・貸主からの告知がない場合であっても、人の死に関する事案の存在を疑う事情があるときは、売主・貸主に確認する必要がある。

　なお、取引の対象となる不動産において過去に人の死が生じた事実について、媒介を行う宅地建物取引業者は、契約後、引渡しまでに知った場合についても告知義務があるとする裁判例[7]があることに留意すべきである。

　後日トラブルとなり、訴訟等に発展した場合でも告知書等が証拠資料になり得るため、媒介を行う宅地建物取引業者は、売主・貸主に対して告知書等への適切な記載を求め、これを買主・借主に交付することが、トラブルの未然防止とトラブルの迅速な解決のためにも有効であると考えられる。また、媒介を行う宅地建物取引業者が、買主・借主から、「売主・貸主が宅地建物取引業者に告知した事案について、宅地建物取引業者が買主・借主に告げなかった」等と指摘され、トラブルに発展することの未然防止にも繋がるものと考えられる。

4. 告知について

　冒頭の繰り返しとなるが、人の死は日々各地で発生しているが、それがいわゆる心理的瑕疵に該当するかや、その継続性の評価は、事案の態様・周知性等や当該物件の立地等の特性によって異なり、時代や

5　売買契約については、主要な不動産関係団体の提供する告知書（物件状況等報告書）において、既に、事件・事故等の事案に係る項目が含まれている。

6　告知書（物件状況等報告書）においても、適切な記載例が分かりやすく示されていることが望ましい。

7　高松高判平成 26 年 6 月 19 日判時 2236 号 101 頁

社会の変化に伴い変遷する可能性もある。また、いわゆる心理的瑕疵は時間の経過とともに希釈され、やがて消滅するとの裁判例もある。その上、不動産取引における人の死に関する事案の評価については、買主・借主の個々人の内心に関わる事項であり、それが取引の判断にどの程度の影響を及ぼすかについては、当事者ごとに異なるものである。このため、本ガイドラインでは、裁判例等も踏まえて、可能な範囲で、現時点で宅地建物取引業者による告知の範囲として妥当と考えられる一般的な基準を以下の通り示すこととする。

（1）宅地建物取引業者が告げなくてもよい場合について

①賃貸借取引及び売買取引[8]の対象不動産において自然死又は日常生活の中での不慮の死が発生した場合

　老衰、持病による病死など、いわゆる自然死については、そのような死が居住用不動産について発生することは当然に予想されるものであり、統計においても、自宅における死因割合のうち、老衰や病死による死亡が９割[9]を占める一般的なものである。

　また、裁判例においても、自然死について、心理的瑕疵への該当を否定したもの[10]が存在することから、買主・借主の判断に重要な影響を及ぼす可能性は低いものと考えられ、2.（2）の対象となる不動産において過去に自然死が生じた場合には、原則として、賃貸借取引及び売買取引いずれの場合も、これを告げなくてもよい。

　このほか、事故死に相当するものであっても、自宅の階段からの転落や、入浴中の溺死や転倒事故、食事中の誤嚥など、日常生活の中で生じた不慮の事故による死については、そのような死が生ずることは当然に予想されるものであり、これが買主・借主の判断に重要な影響を及ぼす可能性は低いと考えられることから、賃貸借取引及び売買取引いずれの場合も、自然死と同様に、原則として、これを告げなくてもよい。

　ただし、自然死や日常生活の中での不慮の死が発生した場合であっ

8　交換契約においても、本ガイドライン上、売買契約に準じた扱いとする。

9　人口動態統計（令和元年）における「自宅での死亡者数（188,191人）」から、「傷病及び死亡の外因（16,174人）」を控除した死亡者数が占める割合。

10　東京地判平成18年12月6日ＷＪほか。

ても、取引の対象となる不動産において、過去に人が死亡し、長期間にわたって人知れず放置されたこと等に伴い、いわゆる特殊清掃[11]や大規模リフォーム等（以下「特殊清掃等」という。）が行われた場合においては、買主・借主が契約を締結するか否かの判断に重要な影響を及ぼす可能性があるものと考えられるため、後記及び（2）に従う。

②賃貸借取引の対象不動産において①以外の死が発生又は特殊清掃等が行われることとなった①の死が発覚して、その後概ね3年が経過した場合

①以外の死が発生している場合又は①の死が発生して特殊清掃等が行われた場合、いつまで事案の存在を告げるべきかについては、その事件性、周知性、社会に与えた影響等により変化するものと考えられるが、賃貸借取引については、過去の裁判例等を踏まえ、賃貸借取引の対象不動産において①以外の死が発生している場合又は①の死が発生して特殊清掃等が行われた場合には、特段の事情がない限り、これを認識している宅地建物取引業者が媒介を行う際には、①以外の死が発生又は特殊清掃等が行われることとなった①の死が発覚してから概ね3年間を経過した後は、原則として、借主に対してこれを告げなくてもよい。ただし、事件性、周知性、社会に与えた影響等が特に高い事案はこの限りではない。なお、借主が日常生活において通常使用する必要があり、借主の住み心地の良さに影響を与えると考えられる集合住宅の共用部分[12]は賃貸借取引の対象不動産と同様に扱う。

③賃貸借取引及び売買取引の対象不動産の隣接住戸又は借主若しくは買主が日常生活において通常使用しない集合住宅の共用部分において①以外の死が発生した場合又は①の死が発生して特殊清掃等が行われた場合

11　孤独死などが発生した住居において、原状回復のために消臭・消毒や清掃を行うサービス（「遺品整理のサービスをめぐる現状に関する調査結果報告書」（令和2年3月総務省行政評価局））

12　例えば、ベランダ等の専用使用が可能な部分のほか、共用の玄関・エレベーター・廊下・階段のうち、買主・借主が日常生活において通常使用すると考えられる部分が該当するものと考えられる。

賃貸借取引及び売買取引において、その取引対象ではないものの、その隣接住戸又は借主もしくは買主が日常生活において通常使用しない集合住宅の共用部分において①以外の死が発生した場合又は①の死が発生して特殊清掃等が行われた場合は、裁判例等も踏まえ、賃貸借取引及び売買取引いずれの場合も、原則として、これを告げなくてもよい。ただし、事件性、周知性、社会に与えた影響等が特に高い事案はこの限りではない。

(2) 上記（1）①～③以外の場合

上記（1）①～③のケース以外の場合は、宅地建物取引業者は、取引の相手方等の判断に重要な影響を及ぼすと考えられる場合は、買主・借主に対してこれを告げなければならない[13]。

なお、告げる場合は、宅地建物取引業者は、前記 3. の調査を通じて判明した点について実施すれば足り、買主・借主に対して事案の発生時期（特殊清掃等が行われた場合には発覚時期）、場所、死因[14]（不明である場合にはその旨）及び特殊清掃等が行われた場合にはその旨を告げるものとする。

ここでいう事案の発生時期（特殊清掃等が行われた場合には発覚時期）、場所、死因及び特殊清掃等が行われた旨については、前記 3. で示す調査において売主・貸主・管理業者に照会した内容をそのまま告げるべきである。なお、売主・貸主・管理業者から不明であると回答された場合、あるいは無回答の場合には、その旨を告げれば足りるものとする。

(3) 買主・借主から問われた場合及び買主・借主において 把握しておくべき特段の事情があると認識した場合等

上記（1）及び（2）が原則的な対応となるが、これにかかわらず、取引の対象となる不動産における事案の存在に関し、人の死に関する事案の発覚から経過した期間や死因に関わらず、買主・借主から事案

---

13 また、地震等の大規模な災害により、対象となる不動産において人の死が生じたか明らかでないような場合には、その旨を告げれば足りるものとする。

14 本ガイドラインにおいては、自然死・他殺・自死・事故死等の別を指すものとする。

の有無について問われた場合や、その社会的影響の大きさから買主・借主において把握しておくべき特段の事情があると認識した場合等には、当該事案は取引の相手方等の判断に重要な影響を及ぼすと考えられるため、宅地建物取引業者は、前記3.の調査を通じて判明した点を告げる必要がある。この場合においても、調査先の売主・貸主・管理業者から不明であると回答されたとき、あるいは無回答のときには、その旨を告げれば足りるものとする。

（4）留意事項

　告げる際には、亡くなった方やその遺族等の名誉及び生活の平穏に十分配慮し、これらを不当に侵害することのないようにする必要があることから、氏名、年齢、住所、家族構成や具体的な死の態様、発見状況等を告げる必要はない。

　また、買主・借主に事案の存在を告げる際には、後日のトラブル防止の観点から、書面の交付等によることが望ましい。

5. 結び

　前記のとおり、本ガイドラインは、近時の裁判例や取引実務等を考慮の上、不動産において過去に人の死が生じた場合における当該不動産の取引に際して宅地建物取引業者が果たすべき義務について、トラブルの未然防止の観点から、現時点において妥当と考えられる一般的な基準をとりまとめたものである。

　一方、個々の不動産取引においては、買主・借主が納得して判断したうえで取引が行われることが重要であり、宅地建物取引業者においては、トラブルの未然防止の観点から、取引に当たって、買主・借主の意向を事前に十分把握し、人の死に関する事案の存在を重要視することを認識した場合には特に慎重に対応することが望ましい。

　なお、本ガイドラインはあくまで、現時点で妥当と考えられる一般的な基準であり、将来においては、本ガイドラインで示した基準が妥当しなくなる可能性も想定される。また、人の死が生じた建物が取り壊された場合の土地取引の取扱いや、搬送先の病院で死亡した場合の取扱い、転落により死亡した場合における落下開始地点の取扱いなどは、一般的に妥当と整理できるだけの裁判例や不動産取引の実務の蓄

積がなく、現時点では、本ガイドラインの対象としていない。本ガイドラインは、新たな裁判例や取引実務の変化を踏まえるとともに、社会情勢や人々の意識の変化に応じて、適時に見直しを行うこととする。

著者略歴

花原　浩二 (はなはら　こうじ)
株式会社マークス不動産代表取締役
1977年、兵庫県豊岡市生まれ、流通科学大学情報学部卒業。阪神・淡路大震災の経験から地震に負けない家づくりをしたいと大和ハウス工業入社。2011年横浜支社分譲住宅営業所所長。2016年10月、増え続ける空き家問題を中心に、世の中の困りごとを不動産の可能性を追求することで解決したいと独立。事故物件のイメージアップや高額買取りへの挑戦を通じて事故物件マーケットを構築する「成仏不動産」、葬儀を儀式のビジネスから総合エンディングビジネスへと転換する支援サービス「葬祭事業者サポートサービス」など複数のサービスを展開。日本国内のみならず海外からも数多くの取材を受け、不動産業界の革命児として注目を浴びている。

木下　勇人 (きのした　はやと)　　　　　　　　　　［第5章執筆］
税理士・公認会計士
愛知県津島市出身。税理士法人トーマツ（現デロイトトーマツ税理士法人）にて事業承継専門部門に従事。2009年、名古屋で唯一の相続専門税理士法人を設立し、富裕層に対する財産コンサルティング、オーナー社長への事業承継コンサルティングを中心に業務を展開。2017年9月に東京事務所開設。東京税理士会京橋支部所属。

井上　幹康 (いのうえ　みきやす)　　　　　　　　　　［第4章執筆］
税理士・不動産鑑定士
税理士法人トーマツ（現デロイトトーマツ税理士法人）にて、東証1部上場企業含む法人税務顧問、税務調査対応、組織再編、IPO支援、M&Aの税務DD業務、税制改正セミナー講師、財産評価を中心とした資産税実務を経験。退職後、2018年7月に税理士として独立開業。2021年4月には不動産鑑定士としても開業。非上場株式や不動産の評価業務、中小企業や不動産オーナーの事業承継コンサルティング業務を得意とする。税理士向けセミナー講師や執筆活動も行っており、税理士からの相談実績も多数。著書に『税理士のための不動産鑑定評価の考え方・使い方』（単著・中央経済社）がある。

［執筆協力］

　吉田　梓

不動産オーナー・管理会社のための
事故物件対応ハンドブック　　　　　令和6年3月1日　初版発行

日本法令®

〒101－0032
東京都千代田区岩本町1丁目2番19号
https://www.horei.co.jp/

検印省略

著　者	花　原　浩　二
	木　下　勇　人
	井　上　幹　康
発行者	青　木　鉱　太
編集者	岩　倉　春　光
印刷所	日　本　ハ　イ　コ　ム
製本所	国　　宝　　社

（営　業）	TEL　03-6858-6967	Eメール	syuppan@horei.co.jp
（通　販）	TEL　03-6858-6966	Eメール	book.order@horei.co.jp
（編　集）	FAX　03-6858-6957	Eメール	tankoubon@horei.co.jp

（オンラインショップ）	https://www.horei.co.jp/iec/
（お詫びと訂正）	https://www.horei.co.jp/book/owabi.shtml
（書籍の追加情報）	https://www.horei.co.jp/book/osirasebook.shtml

※万一、本書の内容に誤記等が判明した場合には、上記「お詫びと訂正」に最新情報を掲載
　しております。ホームページに掲載されていない内容につきましては、FAXまたはEメー
　ルで編集までお問合せください。